KB272233

나는 회복 중인 마약 중독자입니다

나는 회복 중인 마약 중독자입니다

바닥을 딛고 선 중독자의 회복과 연대의 기록

나는 회복 중인 마약 중독자입니다

최진묵 지음

온더페이지
on the page

중독 회복에서 회복자의 증언은 그 어떤 치료보다 중요하다. 회복은 단약으로 완성되는 것이 아니라, 건강한 삶을 살아갈 때 비로소 의미가 있다. 자신의 부끄러운 과거를 숨기지 않고 꺼내 보임으로써 경각심을 일깨우고, 회복의 경험을 나눔으로써 중독자들에게 건강한 삶의 희망을 보여주는 최진묵 센터장의 용기와 헌신에 깊은 찬사를 보낸다.

— **조성남(서울시마약관리센터장, (전)국립법무병원장)**

이 책은 마약 중독에 관한 책이다. 하지만 나는 이 책을 중독에 관한 책으로만 읽지 않았다. 한 사람이 자신의 가장 낮은 자리를 정면으로 마주하고, 그 자리에서 다시 일어서며, 그 경험을 세상에 내놓는 이야기다. 그것이 얼마나 용기 있는 일인지, 비슷한 길을 걸어온 사람으로서 나는 안다.

중독의 세계에는 침묵이 많다. 아프다고 말하는 순간 범죄자로 낙인찍히는 사회에서 사람들은 입을 닫는다. 저자는 그 침묵을 깼다. 자신의 이야기를 숨기지 않고 있는 그대로 내놓았다. 그 솔직함이 어둠 속에 있는 누군가에게 작은 불빛이 되어줄 것이라 믿는다.

— **박영덕(중앙함께한걸음센터 센터장, 한국마약회복협회 이사장,**
(전)한국마약퇴치운동본부)

이 책은 마약 중독을 경험한 세 사람의 회복 여정을 날것 그대로 담아낸 증언록이다. 저자들은 자신의 실패와 나약함을 포장하지 않고 직시함으로써 중독이라는 질병을 몸소 증명한다. '오늘 하루, 나는 하지 않았다'는 단순한 다짐이 어떻게 한 사람의 삶을 되살리는지를 이야기한다. 과거로 돌아가 새 삶을 시작할 수는 없지만, 지금부터 시작하는 새로운 결말을 이야기한다. '후회'라는 늪에서 빠져나와 '현재'라는 유일한 실재에 집중하게 된다.

_ 김영호(을지대학교 사회복지전공 교수)

국내에서 보기 드문 수중한 회복 여정의 기록이 출간되어 무적 반갑다. 약물 중독자였던 저자는 약물이라는 강력한 힘 앞에 마주 선 인간의 나약함을 솔직하게 고백한다. 이 책은 마약은 중독자를 깊은 고독과 고립의 늪으로 몰아넣지만, 그곳에서 빠져나오는 길이 사랑하는 이들의 손길과 동료들의 연대에 있음을 보여준다. 저자의 처절한 경험과 아내의 헌신이 녹아 있는 이 진솔한 안내서가, 고통받는 이들에게 회복의 이정표가 되기를 진심으로 바란다.

_ 이은상(한국중독시설협의체 회장)

중독이라는 어둠을 지나 다시 삶의 빛으로 돌아온 저자의 삶을
담아낸 진실한 기록이다. 회복을 꿈꾸는 이들과 그 곁의 가족들
에게 용기와 이해를 건네는 책이 되리라 믿는다.

_ **공민우(마약 전문 변호사)**

영화 〈야당〉을 준비하면서 나는 마약이라는 세계를 제대로 이해
해야 했다. 그때 현장에 와준 사람이 최진묵 센터장이었다. 그는
우리에게 마약을 설명하지 않았다. 자신의 삶을 보여주었다. 어
떻게 빠져들었는지, 얼마나 깊이 무너졌는지, 그리고 어떻게 다
시 걸어 나왔는지. 배우들이 그의 말에 집중하는 모습을 보면서
나는 직감했다. 이 사람의 이야기는 스크린이 아니라 활자로도
남아야 한다고.
이 책은 성공담이 아니다. 수없이 무너지고, 약속을 깨고, 사랑하
는 사람들을 상처 입힌 사람의 이야기다. 그렇기에 오히려 진짜
다. 포장하지 않은 문장들이 페이지마다 박혀 있어서, 읽다 보면
몇 번이고 책을 덮고 싶어진다. 그래도 손에서 놓을 수가 없다.
영화를 만드는 사람으로서 나는 늘 진실한 이야기를 찾는다. 이
책은 그런 이야기다. 마약을 경고하는 책이 아니라, 한 인간이 자
신의 가장 어두운 시절을 정면으로 마주한 기록이다.

오늘 하루, 하지 않겠다는 다짐 하나가 13년이 되었다고 그는 썼다. 그 단순한 문장이 이 책 전체를 떠받치고 있다. 많은 분들이 읽었으면 한다.

_ 황병국(영화 〈야당〉 감독)

오늘 하루,
나는 하지 않았다

나는 이 책을 쓰기가 두려웠다. 누군가 내 이야기를 어떻게 판단할지 두려워서가 아니다. 내가 살아온 이야기를 글로 옮기다 보면, 내가 얼마나 많은 사람을 다치게 했는지, 얼마나 많은 것을 망가뜨렸는지를 다시 한 번 정면으로 마주해야 했기 때문이다.

나는 23년을 마약에 바쳤다. 전과 9범에, 교도소 생활만 7년이 넘는다. 그 시간 동안 부모님의 머리카락을 하얗게 세웠고, 사랑하는 사람들의 눈에서 눈물을 닦아줄 생각조차 못 하고 살았다. 가족이 면회를 올 때마다 감사하다는 말 대신 화를 냈다. 미안하다는 말이 목까지 차올랐지만, 끝내 입 밖으로 내보내지 못했다. 자존감이 바닥까지 무너져 사과할 자격도 없다고 느꼈기 때문이다.

그런 내가 지금 이 책을 쓴다. 책을 쓰는 이유는 단순하다. 나 같은 사람이 더 이상 나오지 않길 바라서다. 그리고 지금 이 순간 마약과 싸우고 있는 누군가에게 말하고 싶어서다. 당신이 걷고 있는 그 길의 끝이 반드시 파멸은 아니라고.

나는 화려한 삶을 살지 않았다. 성공한 사람도 아니다. 어두운 골목을 서성이던 불량배였고, 교도소를 드나들던 전과자였고, 스스로를 구할 수 없다고 믿던 중독자였다. 그러나 그 모든 것을 지나, 나는 지금 여기에 있다.

이 책은 회복에 관한 이야기이기도 하지만, 솔직하게 말하면 나약함에 관한 이야기다. 나는 수없이 무너졌다. 수없이 약속을 깼고, 수없이 같은 실수를 반복했다. 이 책에는 그 과정이 있는 그대로 담겨 있다. 포장하지 않았다. 미화하지 않았다. 부끄러운 장면은 부끄러운 채로, 고통스러운 기억은 고통스러운 채로 남겨두었다.

내가 상담 현장에서 10여 년 동안 일하면서 깨달은

것이 하나 있다. 사람의 마음을 여는 것은 성공한 이야기가 아니라는 점이다. "나도 저 바닥까지 가봤다"라는 한마디가 어떤 강의보다 더 깊이 닿는다. 같은 자리에 있어본 사람의 목소리는 다르게 울린다.

이 책을 쓰면서 가장 많이 떠올린 사람이 있다. 아내 진선이다. 아내는 내가 마약을 하던 시절에도 나를 떠나지 않았다. 내가 약에 취해 이유도 없이 화를 낼 때, 아내는 조용히 돌아서서 울었다. 맞받아 화내지 않고 그냥 받아주었다. 비에 흠뻑 젖은 채 밖에 서 있는 나를 바라보던 아내의 눈빛이, 여러 번의 구속과 실형으로도 느끼지 못했던 것을 느끼게 했다. 그 눈빛이 나를 병원으로 이끌었고, 그 병원이 나를 살렸다.

단약 초기, 아내는 24시간을 나와 함께했다. 내가 화장실에 갈 때도, 대학 강의실에 앉아 있을 때도 옆에 있었다. 나의 분노를 받아주면서도 한 번도 포기한다는 말을 하지 않았다. 그 인내가 얼마나 깊은 것인지, 나는 단약을 하고 나서야 비로소 알았다. 아니, 지금도 다 안다고는 말할 수 없다.

진선아, 고마워. 네가 없었으면 이 책도, 지금의 나도 없었다.

마약을 하고 있는 사람에게 이 책이 닿기를 바란다. 혹은 사랑하는 사람이 마약을 하고 있는데 무엇을 어디서부터 해야 할지 모르는 가족에게도. 마약이 도대체 왜 그렇게 끊기 어려운지 이해하고 싶은 사람에게도. 그 모든 사람에게 이 책이 작은 불빛 하나가 되기를 바란다.

나는 지금도 회복 중인 마약 중독자다. 완전히 나은 사람이 아니다. 그러나 오늘 하루, 나는 약을 하지 않았다. 그 단순한 다짐이 쌓여 13년이 되었다.

이 책을 읽는 당신도 그렇게 하루씩 걷다 보면 언젠가 뒤를 돌아보는 날이 올 것이다. 그날, 당신이 생각보다 먼 길을 걸어왔음을 알게 될 것이다.

그날이 오기를, 진심으로 바란다.

인천 다르크 센터장

최진묵

차례

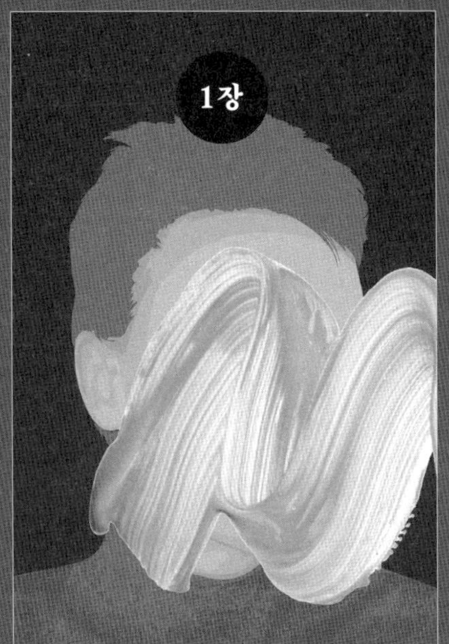

나약했던 나의 중독과

단약 이야기

착한 얼굴 뒤에 숨은
나약했던 나의 고백

나는 마약 중독자다. 마약 중독자'였다'가 아니다. 현재도 마약 중독자라고 봐도 무방하다. 의학계에서는 마약 중독을 당뇨병이나 고혈압과 같은 만성 질환으로 분류한다. 조금만 방심하면 평생 재발의 위험을 안고 살아가야 하는 질환이다. 그러니 나는 평생을 관리하며 살아가야 하는 '회복 중인 마약 중독자'라고 보는 게 정확할 것이다.

사람들은 나를 회복자, 마약 중독 재활센터 인천 다르크 센터장, 회복 상담사, 유튜버 마쓰형 등 다양한 이름으로 부른다. 이 모든 호칭은 죽음의 문턱을 넘나들며 마약이라는 악마에게 23년의 세월을 빼앗기고 살아 돌아온 대가로 얻게 된 삶의 징표다. 잃어버린 23년의 시간 대신, 나는 새로운 정체성을 얻었다.

내 일을 간단히 설명하자면, 마약이라는 악마의 교활함과 무서움을 알리는 것이라 할 수 있다. 지금 이 순간에도 어디선가 마약이 주는 쾌락에 눈이 멀어 천천히 스스로를 죽이고 있는 사람들에게 마약을 왜 끊어야 하는지, 정말 끊을 수는 있는지를 전한다. 그리고 마약에 호기심을 품은 이에게는 '딱 한 번은 괜찮겠지'라는 생각조차 위험하다는 것을 알리는 일을 하고 있다.

✳

나는 한때 세상을 밝게 비추는 햇살 같은 아이였다. 내 주위에는 늘 사람들이 몰려들었고, 나는 그 속에서 화려하게 빛나는 존재였다. 학창 시절의 나는 모든 이의 시선을 한 몸에 받는 반장이었다. 친구들과 함께 웃음꽃을 피우며 하루하루를 보냈고, 미래는 무한한 가능성으로 가득 차 있는 듯했다.

하지만 중학교에 올라가면서 내 세상에 그림자가 드

리우기 시작했다. 평화로운 일상의 이면에 어둠이 도사리고 있었다. 내가 자란 인천은 항구를 끼고 있는 도시여서인지 외국에서 들어오는 물건들이 동네에 쉽게 돌아다녔다. 그리고 마약이라는 유혹의 손길이 우리 동네를 서서히 잠식해 갔다.

동네 형들 사이에서는 이름 모를 약이 유행처럼 번지고 있었고, 친구들마저 하나둘 그 유혹에 눈을 뜨기 시작했다. 나는 그 광경을 곁에서 멍하니 바라보기만 했다. 뭔가 해야 한다는 걸 알면서도, 나는 그저 침묵을 지키며 손을 놓고 있었다. 내 인생의 첫 번째 나약함이었다.

약에 취해 비틀거리는 사람들의 모습은 처음엔 낯설고 거북했다. 흐릿해진 눈동자, 휘청이는 걸음걸이…. 그런데 이상한 일이 일어났다. 그 광경이 일상처럼 반복되자 나는 서서히 무감각해졌다. 친구들이 내미는 손길도 더 이상 낯설게 느껴지지 않았다.

처음엔 분명히 거절했다. 여러 번. 하지만 호기심은 그림자처럼 나를 따라다녔다. 불법 약물은 어느새 동네의 자연스러운 일부가 되어 있었다. 그리고 나도 그 속으로 스며들어 버렸다. '한 번쯤은 괜찮겠지. 중독되진 않을 거야. 친구들도 별 문제없이 지내는데?' 그렇게 스스로를 합리화했다.

＊

유혹에 넘어가기로 결심하기까지는 오랜 시간이 걸렸다. 그런데 중독의 늪에 빠져드는 건 눈 깜짝할 새였다. 내 의지가 얼마나 쉽게 무너질 수 있는지, 그 순간에야 비로소 깨달았다. 깨달았지만 이미 너무 늦었다.

약을 시작한 이후로 삶의 모양이 달라졌다. 처음엔 가끔이었다. 그다음엔 점점 더 자주, 더 강한 것을 찾았다. 약을 구하기 위해 수단과 방법을 가리지 않았고, 도둑질까지 머릿속에 스쳐 지나갔다. 그렇게 나는 두 개의 얼굴을 갖게 되었다. 가족과 아침을 먹고 학교에서 반장으로 친구들을 이끌던 모범생, 그리고 어두운 골목을 서성이던 불량배. 하나의 몸에 두 사람이 살고 있었다.

하나의 얼굴만 아는 가족과 친구들은 여전히 나를 사랑해 주었다. 그 사랑을 두 세계에서 동시에 받으며 이중생활을 이어가고 싶었다. 겉으로는 찬란한 청소년기를 보내는 것처럼 보였다. 하지만 그 속은 조용히 썩어가고 있었다.

고3 때 결국 부모님께 들키고 말았다. 이중생활로 가려두었던 것들이 한꺼번에 드러나는 순간이었다. 아버지는 짧게 말했다. 학교를 졸업하면 대학이 아닌 군대로 가라고. 그 한마디 속에 아버지의 간절함이 담겨 있었다. 아들을 구하고 싶었던 아버지가 찾아낸 최선의 방법이었다.

나는 아버지의 말을 따랐다. 군 생활 26개월 동안, 통제된 환경과 규칙적인 생활이 마약으로부터 나를 멀어지게 해주었다. 그 시간이 지나자 나는 스스로 중독에서 벗어났다고 믿었고, 자신감이 생겼다. 그리고 그 자신감이 나를 다시 무너뜨렸다.

제대 후 다시 만난 친구들은 대마초를 피우고 있었다. 친구는 태연하게 물었다. "한 모금 할래?" 나는 단 한 순간도 머뭇거리지 않았다. 깊게 한 모금 빨았고, 연기는 온몸으로 퍼져 나갔다. 나는 소파 속으로 빨려 들어가듯 녹아들었다. 자연스럽게, 너무도 자연스럽게 과거로 되돌아가고 있었다.

다시 손을 댄 대마초는 나를 필로폰의 세계로 안내

했다. 필로폰은 내 20대를 통째로 앗아 갔다. 무언가를 꿈꾸고, 이루고, 누군가를 사랑해야 할 찬란한 그 모든 시간이 필로폰 때문에 사라졌다. 내가 잃어버린 것들이 얼마나 많은지, 그때는 몰랐다. 약에 취해 있는 동안에는 잃어가고 있다는 것조차 느끼지 못했다.

✳

그러던 어느 날, 갑자기 들이닥친 경찰에 이끌려 영문도 모른 채 인천광역수사대로 연행되었다. 그곳에는 나와 함께 필로폰을 맞았던 지인들이 먼저 와 있었다. 그들을 마주한 순간, 나는 필로폰을 했다는 사실이 탄로 났음을 직감했다. 취조실의 차가운 불빛 아래 앉아 있자니 현실이 안개처럼 흐릿해지는 기분이 들었다. 결국 나는 철창 안에 갇히는 신세가 되었다.

교도소 안에는 온몸에 문신을 새긴, 소위 '깡패'라 불리는 이들이 가득했다. 낯선 환경에 적응하기 힘들었던 나는 자연스럽게 그들과 어울리게 되었고, 유독 나에게 잘해 주는 한 형에게 의지했다. 당시의 나에게 그는 참 좋은 사람처럼 느껴졌다. 초범이었던 나는 구속된 지 70여 일 만에 집행유예로 풀려났다. 얼마 지나지 않아 출소한 그 형에게서 연락이 왔다. 나는 고맙고 반가운 마음에 그를 만나러 갔다. 하지만 다시 만난 형의 손에는 필로폰이 들려 있었다.

"숨 한번 쉴래?" 필로폰을 하자는 은어였다. 그 한마디는 내 인생을 나락으로 떨어뜨리기에 충분할 만큼 달콤했고, 또 무거웠다. 필로폰은 대마초와는 차원이 달랐다. 필로폰은 '진짜' 마약이었다. 온몸이 떨려왔고, 머릿속에서는 도파민이 폭포수처럼 쏟아졌다. 전율을 넘어선 흥분이 온몸을 휘감았다. 나는 다시 필로폰 앞에 무릎을 꿇었고, 더 깊은 중독의 늪으로 빠져들었다.

마약에 빠져 허우적거리던 당시에는 내 행동이 잘못되었다는 사실조차 깨닫지 못했다. 주변에는 마약을 하는 사람이 너무나 많았고, 누구도 그 위험성에 대한 경각심을 일깨워 주지 않았다. 모두가 마약을 대수롭지 않게 여기니 나 역시 그렇게 생각할 뿐이었다.

당시에는 마약의 심각성을 제대로 알리는 목소리가 거의 없었다. 언론에서도 대형 사고가 터지지 않는 한 마약은 잘 다뤄지지 않았다. 다뤄지더라도 연예인이나 재벌 2세의 이야기였다. 특별한 세계에 사는 특별한 사람들이 하는 것. 그런 프레임이 반복되었다. 나는 그 프레임을 아무 의심 없이 받아들였다. 아니, 오히려 그것을 이용했다.

그 분위기 속에서 내가 특별한 사람이라는 착각에 빠졌다. 평범한 사람들은 모르는 세계를 나는 알고 있다고 생각했다. 한 단계 높은 곳에서 살고 있다는 근거 없는 우월감이 있었다. 마약을 일종의 고급 레크리에이션이라고 여겼다. 돈 있고 여유 있는 사람들이 즐기는 것. 그러니까 나도 그런 사람이라는 논리였다. 지금 생각하면 말도 안 되는 자기기만이었지만, 그때는 그게 진짜처럼 느껴졌다.

약물이 주는 고양감이 그 착각을 더욱 단단하게 만들었다. 약을 하는 순간만큼은 내가 대단한 사람이 된 것 같았다. 세상이 다르게 보이고, 내가 더 예민하고 더 감각적인 존재인 것 같았다. 선택받은 자만이 누릴 수 있는 무언가를 경험하고 있다는 착각이었다.

자만이 판단을 흐리게 만들었다. 나는 중독될 리 없다고 생각했다. 마약에 무너지는 건 의지가 약한 사람에게나 해당된다고 생각했다. 나는 언제든 멈출 수 있다고, 그렇게 믿었다. 그 오판이 나를 중독의 심연으로 밀어 넣었다. 그리고 내가 심각한 현실을 알아챘을 때는 이미 너무 깊이 들어와 있었다.

*

마약의 위험성을 모른 채 늪에 빠져든 수많은 어린 영혼 중 하나였던 나는 불행 중 다행으로 살아남았다. 그러나 그 대가로 23년이라는 세월을 통째로 잃어버렸다. 그 오랜 시간 동안 나는 마약이 한 사람의 인생을 어떻게 철저히 파괴하는지 지독하게 경험했다. 이 모든 비극은 '나만은 다를 것'이라는 무지와 교만에서 비롯되었다.

"딱 한 번쯤은 괜찮겠지", "나는 중독되지 않을 거야"라는 안일함과 스스로를 특별하게 여긴 교만함이 나를 눈멀게 했다. 나는 그렇게 환각에 빠져 세상의 진실을 외면한 채 살아왔다.

마약은 어떻게
내 인생을 앗아 갔을까

처음 필로폰을 접하러 갔을 때는 별다른 감흥을 느끼지 못했다. 그저 처음 경험한다는 호기심만 잔잔하게 있었을 뿐, 큰 설렘이나 기대감은 없었다. 필로폰은 가루 형태로 받았고, 주사기에 한 칸 두 칸 채워 팔았다. 눈금이 있는 주사기에 마약이 담겨 있었고, 눈금 한 칸에 20만 원씩 거래했다. 당시 마약은 정말 높은 가격에 거래되고 있었다. 솔직히 이 20만 원이 아깝다는 생각이 들어 마약 구매를 주저하기도 했다.

그러나 이 망설임은 필로폰을 실물로 접했을 때 묘한 감정으로 바뀌었다. 마치 열어선 안 될 판도라의 상자

앞에 우두커니 선 것 같은 강렬한 느낌에 압도되었다. 혼란스러웠지만 한편으론 짜릿했다. 주사기 안에 든 하얀 가루를 보면 심장도 덩달아 쿵쾅거리기 시작했다. 분명 평범한 흥분이 아니었다. 그리고 필로폰을 맞은 순간의 느낌은 상상 그 이상이었다.

마약을 처음 했을 때의 느낌은 '충격 그 자체'였다. 두 번째로 필로폰을 하러 갈 때는 처음과 사뭇 달랐다. 내 몸이 이미 그 경험을 기억하고 있었다. 첫사랑을 다시 만나는 설렘이나 열렬히 좋아하는 가수의 콘서트에 가는 그런 기분 따위와는 비교할 수 없을 정도였다. 단순한 설렘을 넘어 몸과 마음이 불안과 긴장에 압도되었다. 혈관 속 피가 필로폰을 갈망했다. 마약을 기다리는 약 1시간이 마치 10시간같이 느껴질 만큼 초조함에 사로잡혔다.

＊

마약을 하면 도파민이 쏟아진다는 이야기를 언론이나 유튜브 같은 매체에서 많이 들어봤을 것이다. 마약이 우리 몸에 처음 들어오면 비정상적으로 많은 양의 도파민이 분비되어 우리를 강제로 행복한 것처럼 느끼게 만든다는 이야기다. 약이 혈관을 타고 흐르는 순간 도파민이 파도처럼 쏟아져, 행복이란 이런 거구나 싶었다. 그 도파민에 취해 얻은 행복감이 좋았고, 그것을 다시 느끼고 싶어 마약을 찾았다.

그러나 언론이나 매체에서 자세히 다루지 않은 이야기가 있다. 단순히 마약을 해야 도파민에 취하는 게 아니다. 마약을 경험한 사람은 마약을 구매하기 위한 모든 행위에서 도파민을 얻는다. 마약을 기다리는 초조하고 긴장된 순간에도 도파민이 쏟아져 나온다. 다가올 쾌락을 기다리는 것만으로도 절정에 달하는 것이다. 그 쾌락은 일상에서 느끼는 어떤 것과도 비교할 수 없다.

필로폰을 처음 시도했을 때의 그 강렬함이 아직도 생생하다. 약 기운이 온몸에 퍼지는 느낌, 솜털 하나하나가 다 서는 느낌, 무엇이든 할 수 있을 것 같은 자신감 등 말로는 다 표현할 수가 없다. 필로폰을 하면 3~4일 잠을 자지 않아도 몸에 활력이 넘쳐난다. 각성 효과 때문이다.

하지만 그렇게 버티다 보면 지치고 후유증도 심해진다. 후유증으로 인해 약을 향한 갈망은 더 강렬해지고, 도파민이 빠져나간 자리는 무기력과 우울, 불안 등 심리적으로 견디기 힘든 상태가 된다. 필로폰을 하던 당시에는 넘치는 에너지가 생기는 거라 생각했는데, 지금 내 상태를 보면 미래에 써야 할 에너지와 도파민을 당겨 쓰는 것이었다.

반면 대마초는 좀 다르다. 몸이 이완되는 느낌을 경험하게 된다. 필로폰과는 다르게 식욕이 왕성해지고, 웃음도 많아진다. 〈동물의 왕국〉에서 사자 엉덩이만 봐도 웃음이 터진다. 음악을 들어도 음정 하나하나를 온몸으로 느낀다는 착각에 빠지기도 한다.

✳

정리하자면, 필로폰은 각성 효과를, 대마는 안정 효과를 준다. 물론 모든 마약이 다 같은 느낌을 주는 것은 아니다. 요즘 젊은 층에서 폭발적으로 늘어나고 있는 케타민, 엑스터시, 허브 등은 필로폰같이 강렬한 쾌락을 주진 않는다. 하지만 필로폰 경험이 없다면 충분히 강렬한 안도감과 안정감 같은 쾌락을 경험한다. 또한 약물의 효과가 짧아 3~4시간 만에 약 효과가 사라져 마약이라 생각하지 않는다. 이러한 이유로 소프트 드러그(soft drug) 사용자들은 자신이 하는 마약을 별것 아니라 생각하게 된다. 또한 오랫동안 획일적인 마약 중독 교육만 받아온 탓에 '나는 중독이 안 되는구나' 하는 생각으로 계속 하게 된다.

우리는 이런 마약을 '게이트웨이 드러그(gateway drug)', 즉 입문용 마약이라고 부른다. 이처럼 앞으로 나올 신종 마약들은 중독성을 느끼지 못하게 해서 약물에 대한 부정적인 인식을 줄이고, 누구나 즐겨도 된다는 착각에 빠지게 할 것이다. 하지만 그 끝은 필로폰이나 코카인 등 하드 드러그(hard drug)로 가는 길뿐이다.

*

필로폰이 주는 강렬한 쾌감 때문에 사람들은 마약을 처음 접한 이들이 바로 다시 약물을 찾을 거라고 생각한다. 그리고 마약을 한번 시작하면 금단 증상 때문에 계속 마약을 한다고 생각한다. 나 역시 처음엔 그런 불안감이 있었다. 그러나 사실 그렇지 않다. 나는 처음 약을 한 후 약 6개월 뒤에 다시 했다. 그 6개월 동안 겉으로 보기

엔 평범한 일상을 보냈다.

　마약을 처음 하고 이후에 바로 금단 증상이 생기는 게 아니다. 그래서 어떻게 보면 마약이 우리를 속이는 것 같다. 그래서 "나는 마약에 중독되지 않아"라는 자만심에 사로잡히게 된다. 별다른 후유증이나 금단 증상이 없으니 자연스레 마약을 계속 찾게 된다. 그리고 더 큰 행복을 위해 복용량을 점차 늘려간다. 마약의 그 달콤한 거짓말에 넘어가 거짓된 행복에 잠식되는 것을 즐기는 것이다.

　의학계에서는 이것을 내성이라고 설명한다. 약에 내성이 생겨서 복용량을 늘리게 된다는 것이다. 틀린 말은 아니다. 하지만 직접 경험한 사람으로서 조금 다르게 이해하고 있다. 마약을 처음 할 때는 그것이 어떤 감각인지 모르기 때문에 도파민이 생각만큼 많이 나오지 않는다. 몸이 아직 그 경험을 기억하지 못하는 것이다. 그런데 한 번 경험하고 나면 달라진다. 앞서 이야기했듯이, 마약을 구하러 가는 순간부터 주사기를 꽂기 직전까지 이미 대부분의 도파민이 분출된다. 초조하게 연락을 기다리는 시간 동안 이미 절정에 가까워지는 것이다. 막상 약을 해도 분비될 도파민이 없으니 약을 조금 했기 때문이라고 착각해 약물의

양을 늘린다. 그걸 내성이라고 판단한다. 하지만 실제로는 약을 하기 전에 이미 몸이 소진된 것이다.

더 강렬한 도파민을 원할수록 충족되지 않는다. 갈증을 풀려고 마약을 할수록 갈증은 더 심해진다. 바닷물을 마시는 사람과 같다. 마실수록 목이 마르고, 목이 마를수록 더 마시게 된다. 마약이 약하다고 느끼면서 복용량을 늘리고, 횟수를 늘리고, 그러면서 조금씩 더 깊은 곳으로 내려간다. 내려가는 속도를 본인은 느끼지 못한다. 바닥이 어딘지도 모른 채 계속 내려가다가, 어느 순간 올라올 수 없음을 깨닫게 된다. 그 순간이 중독된 것이다.

나도 멈추지 못했다. 아무리 몸에서 거부 반응을 보여도 마약을 원했다. 이것이 내 나약함의 본질이었다. 자제력을 잃고 의지가 무너져 내렸다.

＊

지금 돌이켜보면, 내 인생의 나약함은 여러 순간에 드러났다. 마약이 유행하는 환경 속에서 침묵했던 나약함, 호기심을 이기지 못하고 유혹에 넘어간 나약함, 중독되지 않을 거라는 자만에 빠진 나약함, 그리고 빠져나오지 못했던 나약함까지.

마약이 내게 가져다준 달콤한 거짓 행복은 결국 내 인생의 23년을 앗아갔다. 그 시간 동안 나는 진짜 행복이 아닌, 화학물질이 만들어 낸 가짜 행복에 중독되어 살았다. 내가 특별하다고 믿었던 그 착각은 결국 나를 평범한 삶에서 멀어지게 만들었고, 내 잠재력을 발휘할 기회마저 빼앗았다.

마약 중독의 늪에서 빠져나오는 과정은 결코 쉽지 않았다. 수많은 시도와 실패를 거듭했고, 그 과정에서 가족과 친구들에게 많은 상처를 주었다. 마약은 절대로 '한 번쯤은 괜찮다'고 말할 수 있는 것이 아니다. 대중이 생각하는 것보다 마약의 유혹은 훨씬 교묘하고 강력하다. 그리고 그 유혹에 넘어갔을 때 치러야 할 대가는 상상을 초월한다. 나는 23년의 세월, 가족과의 관계, 자존감, 심지어 나의 정체성까지 모두 잃고 말았다.

몰락을 깨달은 계기,

실형 선고

마약과 가까이 있던 나는 스스로를 특별하다고 여겼다. '나는 마약을 해도 중독되지 않아', '나는 절대 경찰에 잡히지 않아.' 그런 오만한 생각으로 가득 차 있었다. 이 착각은 내가 다른 중독자들과는 다르다는 허상을 만들어 냈고, 나는 그 허상 속에 편안하게 머물렀다. 그러나 오만함이란 그런 것이다. 현실이 눈앞에 나타나는 순간, 소리 없이 무너진다.

경찰이 집 앞에 나타났다. 덜컥 겁이 났다. 겁에 질려 아무 저항도 하지 못하고 순순히 잡혀갔다. 나중에 알고 보니, 함께 마약을 했던 동네 형이 먼저 형사기동대에 잡혀 취조 과정에서 나를 밀고한 것이었다. 그 사실을 알고 나서도 배신감보다는 두려움이 앞섰다. 내가 특별하다고 느껴지던 오만함이 순식간에 사라지고 나니 남은 건 벌거벗은 현실과 두려움뿐이었다.

처음 잡혀갔던 1990년대 후반은 지금과는 경찰 분위기가 많이 달랐다. 인권이라는 개념이 지금처럼 중요하게 여겨지지 않던 시절이었다. 영장 없이 체포가 이뤄지기도 했고, 그 과정에서 폭력이 행사되기도 했다. 경찰은 그 자체로 공포의 대상이었다. 그런 시대에 잡힌 나는 극도의 불안 속에서 아무것도 할 수 없었다.

＊

나는 구속 수사를 받았다. 지금은 단순 투약은 불구속 수사로 진행되는 경우가 많지만, 그때는 대마초 한 번 피우기만 해도 바로 구속되던 시절이었다. 우리나라는 오래전부터 마약 범죄에 대해 엄벌주의 정책을 유지해 왔다.

2000년 전까지만 해도 1년에 검거되는 마약 사범이 1만 명 이하였다. 그 정도 숫자는 전국 교도소와 구치소에서 감당할 수 있었다. 하지만 지금은 다르다. 2022년에 처음으로 1만 8천 명을 넘어섰고, 2023년에는 2만 7천 명이 넘는 마약 사범이 검거되었다. 2025년의 수치는 공식적인 통계가 발표되기 전이지만 2만 명대 후반에서 3만 명에 육박하는 수준으로 파악된다. 교정시설이 감당할 수 있는 인원을 훌쩍 넘어선 숫자다. 다르게 말하면, 불구속 수사를 하지 않으면 수사 자체가 돌아가지 않을 만큼 마약 범죄가 많아졌다는 뜻이다. 우리 사회가 얼마나 달라졌는지를 보여주는 숫자이기도 하다.

그렇게 시작된 구치소 생활은 완전히 낯설고 두려웠다. 70일이 그토록 길게 느껴진 적이 없었다. 좁은 방 안에 나처럼 재판을 기다리는 사람들이 여럿 있었는데, 그들은 하나같이 '판사'처럼 행세했다. 처음 들어온 나에게 질문이 쏟아졌다. "어떤 마약을 했냐", "지금까지 몇 번 잡혔냐", "정신질환이 있냐." 어리숙했던 나는 그 질문들에 성의껏 답했다. 그러자 구치소 선배들의 '판결'이 내려졌다. "너 집행유예 나올 거야." 신기하게도 그 판결은 정확했다. 실제 재판에서도 집행유예와 보호관찰이 선고되었다.

재판 결과를 듣는 순간, 안도감과 허탈함이 동시에

밀려왔다. 가슴을 졸이며 기다렸지만, 이미 예상했던 결과라 큰 충격은 없었다. 그리고 바로 그게 문제였다. 충격이 없었기에 경각심도 없었다. 집행유예라는 결과가 내 삶을 바꿀 계기는 되지 못했다. 벌을 피했다는 안도감이 반성의 자리를 차지해 버렸다.

✳

보호관찰 기간 중에는 정기적으로 소변 검사를 받아야 했다. 이는 재범을 막기 위한 제도적 장치였지만, 별 소용없었다. 나는 이 소변 검사를 피해 가려는 아슬아슬한 줄타기를 계속했다. 소변 검사에서 마약이 검출되지 않는 여러 방법을 선배들의 입을 통해 들었고, 그것을 적극적으로 활용했다. 마약을 끊을 생각은 하지 않고, 단지 검사에 걸리지 않고 마약을 할 방법만 궁리했다. 이는 내 마약 중독이 얼마나 심했는지를 보여주는 명확한 증거였다.

하지만 이런 노력도 오래가지 못했다. 누군가 다시 나를 제보했고, 집행유예 기간 중에 적발되어 실형이 선고되었다. 이번에는 도망갈 길이 없었다. 집행유예라는 기회를 날려버린 대가로, 나는 처음으로 교도소의 철문 소리를 들어야 했다.

구치소에서 교도소로 이감되던 날을 아직도 생생히 기억한다. 처음 경험한 교도소는 구치소와는 차원이 달랐다. 그곳은 내가 상상했던 것보다 훨씬 힘들고 숨막히는 공간이었다.

첫날, 비좁은 방에 수감자들이 빽빽이 앉아 있는 광경을 보고 충격을 받았다. 8평 정도 되는 공간에 23~25명의 성인이 함께 생활했는데, 20대 초반이었던 나의 교도소 생활은 지옥 그 자체일 수밖에 없었다. 덩치 큰 사람, 흉악해 보이는 사람, 기가 죽어 보이는 사람 등 인상이 다양한 사람들이 모여 있었고, 그들의 모습에 당혹스러움과 불안을 동시에 느꼈다.

그 좁은 방에서는 앉아 있기도 힘들었고, 잠자기는 더욱 벅찼다. 일렬로 누울 공간조차 없었으니 말이다. 오죽했으면 잠을 잘 공간이 없어 화장실 안에서 잔 적도 있다. 방에서 막내였던 나는 설거지, 빨래, 화장실 청소 등 모든 허드렛일을 도맡아 했고, 하루도 거르지 않고 아침저녁으로 구타를 당했다. 내가 맞는 이유는 무언가를 잘못해서가 아니었다. 때리는 사람들의 기분에 따라 맞아야 했다.

방의 한쪽 끝에는 문신으로 뒤덮인 한 아저씨가 항상 앉아 있었다. 그는 다른 사람들과는 달리 자신만의 공간을 넓게 차지하고 있었고, 심지어 그가 사용하는 매트리스도 남달랐다. 나중에 알고 보니 그가 '방장'이었다. 그는 처음 들어온 나를 불러 무슨 죄로 왔냐고 물었고, 나는 마약 때문에 왔다고 대답했다. 그는 곧바로 관심을 잃은 듯 나를 돌려보냈다.

그 순간 나는 속으로 코웃음을 쳤다. '나는 이 사람처럼 되지 않을 거야'라고 굳게 다짐했다. 하지만 시간이 지날수록 나는 점점 그의 모습에 가까워졌다. 교도소를 여러 번 오가다 보니 아는 사람이 많아졌고, 어느새 나도 '방장'이 되어 있었다. 처음에는 '너희 같은 건달은 되지 않겠다'고 다짐했던 내가 결국 그들과 같은 부류가 되어버린 것이다. 이 현실을 인정하기는 쉽지 않았지만, 부정할 수도 없었다.

더 큰 문제는 아이러니하게도 교도소가 내 마약 네트워크를 확장시키는 장소가 되었다는 점이다. 죄를 씻으러 갔지만, 오히려 더 깊은 범죄의 세계로 빠져들게 되는 역설적인 상황이 펼쳐졌다. 교도소에서 만난 사람들과의 관계가 내 유일한 인간관계가 되어버렸다.

서울, 경기도, 부산 등 각 지역에서 마약을 주고받는 사람들이 한곳에 모여 있으니 자연스레 전국적인 마약 커뮤니티가 형성된 것이다. 이로 인해 마약 중독자들이 교도소에서 나온 후에도 더 쉽게 마약을 구할 수 있는 환경이 조성되었다. 교도소는 교화의 장소가 아니라, 범죄 네트워크의 확장 장소와 다름없었다.

＊

교도소 생활을 오래 할수록 내 감정은 변해갔다. 처음에는 강렬했던 죄책감이 조금씩 흐릿해졌고, 지겨움만 마음속에 남았다. 그리고 어떻게 하면 마약을 해도 경찰에 걸리지 않을지를 진지하게 고민하게 되었다.

지금 생각하면 우습지만, 그때는 나와 같이 교도소에 들어온 사람들과 '어떻게 하면 안 걸릴 수 있을지'를 매우 진지하게 토론했다. 마치 공부 못하는 아이들끼리 모여 어떻게 하면 100점을 맞을 수 있을지 고민하는 것처럼 말이다. 이런 고민 자체가 얼마나 비뚤어진 사고방식인지 그때는 깨닫지 못했다.

교도소에서의 그런 생활은 마약과 떨어지지 못하는 중독의 깊이를 보여주는 증거였다. 그럴수록 더 오랜 시간을 교도소에서 보내야 했고, 그만큼 더 많은 것을 잃어갔다. 가족과의 관계는 점점 멀어졌고, 사회와의 연결고리도 하나둘씩 끊어져 갔다. 하지만 그때조차 나는 잘못을 깨닫지 못했다. 오히려 사회를 향한 원망만 커졌을 뿐이다.

출소 후에는 당연히 사회에 적응하지 못하고, 자연스레 다시 마약의 세계로 돌아갔다. 현실을 부정하고 삶을 회피하기 위해서였다. 이 악순환이 가장 슬픈 현실이었다. 내게 남은 인간관계가 오직 '나에게 마약을 주는 사람'과 '내가 마약을 주는 사람'뿐이었다는 현실은 참으로 잔혹했다. 서서히 그 고통의 근원이 현실이 아니라 '마약'이었음을 깨달았다. 마약 중독의 고통은 말로 다 표현할 수 없다. 내가 마약을 끊을 수 없었던 이유는 후유증으로 겪을 육체적인 고통도 끔찍했지만, 고립과 우울, 그리고 끊임없는 자존감 상실이라는 정신적인 고통이 견디기 어려웠기 때문이다.

내 삶은 회백색 벽만 바라보며 죽음만을 생각하는 비참한 상태로 전락했다. 그럼에도 불구하고 마약을 끊지 못했다. 끊으려고 시도할 때마다 결국 다시 마약을 찾을 수밖에 없었다. 죽을 용기도 없었다. 더 아이러니한 것은 마약이 내 죽음조차 허락하지 않았다는 점이다. 왜냐하면 마약은 나의 모든 것을 앗아간 존재인 동시에 내가 의지할 수 있는 유일한 존재였기 때문이다.

나와 가족을

잃어가던 날들

마약에 빠지면 깊은 고독을 경험하게 된다. 이는 단순한 외로움이 아니다. 무겁고 아릿한, 영혼을 파고드는 고독이다. 범죄자라는 낙인이 찍힌 채 세상과 단절되는 고립감은 법적 문제와 일상 복귀의 어려움, 사람들을 피해야만 하는 현실이 겹겹이 쌓이며 나를 옥죄었다.

죄책감은 끊임없이 나를 갉아먹었고, 주변의 차가운 시선은 나를 사회의 구석으로 밀어냈다. 그 고독이 내 일상을 파괴하고 있다는 걸 조금씩 알아차렸지만, 그렇다고 마약을 줄이지는 못했다. 오히려 그 고독을 잊으려고 마약을 더 찾는 악순환이 반복되었다. 고독에서 벗어나려고 한 선택이 고독을 더 깊게 만들고 있었다.

✳

마약을 더 많이 할수록 내 세계는 좁아졌다. 결국 마약을 하는 사람들의 커뮤니티 안에 갇혀 살게 되었다. 고립은 점점 깊어졌고, 그만큼 마약에서 벗어날 기회도 줄어들고 있었다.

물론 그런 나를 걱정해 주고, 진심 어린 충고를 건네는 사람들도 있었다. 하지만 나는 그 충고를 외면했다. 더 무서운 건 그다음이었다. 나는 그들을 나쁜 사람이라고 여기기 시작했다. 반대로 내게 마약을 제공하는 이들을 좋은 사람이라고 생각했다. 단지 마약을 못 하게 한다는 이유 하나만으로 가족과 친구들을 적으로 돌렸다. 나를 도우려는 손길을 스스로 뿌리친 것이다. 그 왜곡된 인식이 나를 더 깊은 나락으로 밀어 넣었다.

사회의 차가운 시선도 문제였지만, 내가 스스로 쌓아 올린 고립의 벽이 높다는 게 더 큰 문제였다. 그 벽을 넘을 수 없다는 사실은 점점 자기 연민을 키워냈다. 내 손으로 벽을 높여가며 그 안에서 스스로를 불쌍히 여기는 모순에 빠진 것이다. 자존감이 바닥까지 내려앉은 사람에게 자연스레 찾아오는 악순환이었다. '나는 아무것도 가진 게 없다', '내 의지는 약하다', '내 말을 들어주는 사람은 없다.' 그런 생각이 머릿속을 가득 채웠다. 공황과 불안, 망상이 일상이 되었다.

✳

때로는 '차라리 체포되면 모든 게 정상화되지 않을까'라는 생각도 들었다. 감옥에서라도 마약을 끊을 수 있으리라는 희망 때문이었다. 실제로 체포가 상황을 나아지게 했냐고 묻는다면, 그렇지 않았다.

감옥에 처음 갔을 때와 두 번째로 갔을 때는 죄책감이 마음을 무겁게 짓눌렀다. 그런데 그 이후에 또 수감되었을 때는 그 감정이 많이 무뎌졌다. 어느 순간 죄책감이 흐릿해졌음을 스스로 알아차렸을 때, 서늘했다. 죄책감을 못 느끼는 사람이 되는 것이 무서운 게 아니라, 죄책감이 없는 사람이 되어도 아무렇지 않다는 사실이 더 두려웠다.

일반적인 사람들은 감옥이라는 말만 들어도 겁을 먹는다. 처음엔 나도 그랬다. 그런데 어느 순간부터 감옥은 두려운 곳이 아니라, 그냥 불편하고 재미없는 곳이 되었다. 두려움도 없고 죄책감도 없는 상태. 말로 설명하기 어렵지만, 그것이 내가 도달한 가장 비참한 지점이었다. 사람이 더 나빠질 수 없는 상태가 된 게 아니라, 나빠지고 있다는 감각 자체를 잃어버린 게 문제였다.

최근 상담했던 한 여학생의 말이 생각난다. "선생님, 저는 잡히는 게 무서운 게 아니라, 감옥에 갇혀 있는 게 불편해서 짜증만 나요." 그 말에 나는 고개를 끄덕일 수밖에 없었다. 범죄를 저질렀다는 죄책감이 사라진 자리를, 뻔뻔함이 조용히 채워가는 것이다.

그렇게 범법의 죄책감은 희미해졌지만, 유독 선명하게 남아 있던 죄책감이 있었다. 가족을 향한 것이었다. 다른 죄책감들은 시간이 지나면서 무뎌졌는데, 그것만은 달랐다. 억누를수록 오히려 더 커졌다.

부모님이 면회를 오실 때마다 나는 그 감정을 직면하지 못했다. 마주하는 것 자체가 너무 고통스러웠다. 그래서 오히려 화를 냈다. "왜 왔어요. 뭐하러 이런 데까지

와요." 그렇게 말하면 다음번에는 안 오실 거라는 계산이 있었다. 면회 시간에 부모님 얼굴을 보는 건 내 죄를 직접 마주하는 것 같았다. 더 솔직하게 말하면, 그 자리에 있는 내 모습이 너무 싫었다. 그 모습을 부모님 눈에 담는 것도 견딜 수 없었다. 그러니 화를 내서라도 그 시간을 끊어버리고 싶었다.

*

마약 중독자들은 미안하다는 말을 잘 못 한다. 그 말이 입 밖으로 나오려 할 때마다 목이 멘다. 그래서 미안함은 분노로 나온다. 스스로가 최악의 인간이라고 느끼니까 실제로도 그렇게 행동하는 것이다. 자존감이 바닥까지 내려앉으면 진심 어린 사과조차 할 수 없게 된다. 사과를 한다는 건 자신에게 아직 그럴 자격이 있다고 믿는다는 뜻인데, 나는 그 믿음이 없었다.

"이번 한 번만 더", "이게 진짜 마지막이야", "내일부터는 정말 끊을 거야" 이 말들을 나는 수없이 반복했다. 그러나 한 번도 지키지 못했다. 그러면서도 같은 말을 또 했다. 스스로를 속이는 건지, 진심으로 믿는 건지 그 경계조차 모호해졌다. 약속이 깨질 때마다 자존감은 조금씩 더 깎여 나갔고, 깎여 나간 자존감은 다음 약속을 더 쉽게 깨지게 만들었다. 그 고리가 여간해선 끊어지지 않았다.

출소 후에 사람들은 말했다. "교도소를 그렇게 여러 번 다녀왔으면서 아직도 정신을 못 차렸어? 노가다라도 하면서 정상적으로 살면 되잖아." 틀린 말이 아니었다. 하지만 그들이 모르는 게 있었다. 나는 이미 수없이 시도했다는 것을. 막노동을 시작해도 반나절을 넘기기 어려웠다. 몸이 따라주지 않아서가 아니었다. 일을 하러 가는 길에 문득 이런 생각이 들었다. '이걸 왜 하고 있지.' 한 달에 100만 원을 벌든 500만 원을 벌든 그건 중요하지 않았다. 정상적인 삶을 살아갈 이유를 찾지 못했으니까. 이유가 없으니 버틸 수가 없었고, 버티지 못할 때마다 자존감은 더 낮아졌다.

그렇게 내 바닥을 거듭 확인하던 어느 날, 뭔가 느낌이 조금 달랐다. 거창한 각오가 생긴 게 아니었다. 그냥 지쳐 있었고, 이 악순환을 이어갈 기력이 남아 있지 않았다. 처음 교도소에 들어가던 날 '저런 사람은 되지 않겠다'고 다짐했던 그 방장의 자리에, 어느새 내가 앉아 있었다. 그 현실을 더 이상 외면할 수 없었다. 교도소 안에서 지위가 높아질수록, 마약 네트워크가 넓어질수록 나는 더 깊은 나락으로 떨어지고 있었는데, 그것을 인정하기가 고통스러웠을 뿐이다.

책임이 외부에 있는 게 아니었다. 내 선택이 나를 여기까지 데려왔다. 그 인정 하나가 뭔가를 바꾸기 시작했다. 세상을 탓하는 것을 멈추자, 처음으로 내 발밑을 볼 수 있었다.

나를 살린 건
결국 사람이었다

단약의 계기는 갑작스레 찾아왔다. 교도소를 들락날락하면서 마약을 끊고 싶다는 생각을 수없이 했고, 시도도 했다. 하지만 그때의 나는 마약 중독이 질병이라는 인식조차 없었다. 지금 생각하면 참으로 무지했지만, 어떻게 보면 그럴 수밖에 없었다. 누구도 내게 마약 중독이 질병이라고 말해준 적이 없었으니까. 마약은 범죄라고도 하고, 중독에 빠진 건 의지가 약해서라고 하기도 했지만, 마약 중독이 병이라고 하는 사람은 아무도 없었다.

마약 중독자의 거의 대부분이 마음만 먹으면 끊을 수 있다고 생각하고, 나도 그랬다. 그리고 그 생각에는 나름의 근거가 있었다. 경찰에 잡혀 유치장에 가고, 교도소를 다녀오면 이상하게도 마약에 대한 갈망이 사라졌다. TV나 영화에서 보던 것처럼 온몸을 떨거나 식은땀을 흘리는 일이 없었다. 그러니 이 정도는 중독이 아니라고 생각했다.

내가 주로 했던 필로폰은 다른 마약에 비해 금단 증상이 겉으로 드러나지 않았다. 대신 후유증은 다른 방식으로 찾아왔다. 조현병 증상, 환청, 환각. 하지만 그것도 나중의 일이었고, 당장은 멀쩡해 보였다. 멀쩡해 보이니 나는 내가 중독자가 아니라고 믿었다.

＊

보통 마약을 하다 잡히면 오랫동안 먹지도 자지도 못한 상태로 유치장에 가게 된다. 극도로 지쳐 있는 그 상태에서 밥을 먹고 잠을 자는 정상적인 생활이 시작되면, 신기하게도 마약보다 담배가 먼저 당겼다. 이유가 있었다. 당시 경찰들은 조사 과정에서 비협조적인 사람에게 담배를 건넸다. 마음을 열지 않는 사람에게는 담배 한 대 피우러 가자며 분위기를 풀었다. 경찰서에서는 담배를 얻을 수 있다는 걸 알고 있으니 본능적으로 담배를 향해 먼저 움직이는 것이다. 담배 한 개비가 수사를 부드럽게 하기 위한 도구였고, 내 몸은 그것을 본능적으로 감지했다. 지금 생각하면 그 장면들이 씁쓸하게 떠오른다.

그즈음 정신병원 폐쇄병동에 입원하는 일이 생겼다. 마약에 취한 채 찾아간 마약 중독전문병원이었다. 병원에 입원한 3일은 교도소와는 또 다른 방식으로 나를 흔든 시간이었다.

CR이라 불리는 케어 룸에 들어갔다. 교도소로 치면 독방이라고 할 수 있다. 안정제를 맞고 잠에서 깨어났을 때, 처음에는 내가 어디에 있는지조차 몰랐다. 천장을 보며 멍하니 눈을 뜨고 있었다. 몸이 무거웠다. 시간이 얼마나 지났는지도 몰랐다. 그때 옆에서 대화 소리가 들렸다. 40대에서 60대 사이로 보이는 환자들이었다. 그중 알코올 중독자로 보이는 두 사람이 이야기를 나누고 있었다. 이 병원은 밥이 맛없고 시설도 형편없다고 했다. 저쪽 병원이 훨씬 낫다며, 여기서 퇴원하면 술을 더 마셔서 저 병원으로 옮겨야겠다고 했다.

그 말을 들으며 나는 가만히 누워 있었다. 그리고 천천히, 교도소에 있던 사람들의 얼굴을 떠올렸다. 죄수복을 입고 복도를 걷던 사람들이 지금 이 병실에 있는 사람들과 겹쳐 보였다. 죄수복에서 환자복으로 옷만 바뀐 것 같았다. 공간도 다르고, 이름도 달랐지만, 그 안에 갇힌 사람들이 살아가는 방식은 너무 비슷했다. 병원이 교도소보다 인권을 조금 더 지켜준다는 점 말고는 차이가 없었다.

그리고 그 순간, 20년 후의 내 모습이 눈앞에 그려졌다. 저 알코올 중독자와 같은 모습이었다. 병원과 교도소를 오가며, 어느 병원 밥이 더 맛있는지를 이야기하는 사람. 그 이미지가 선명하게 마음에 박혔다. 몸이 떨렸다. 저렇게 살지 않겠다고, 다시 한번 다짐했다. 그때만큼은 진심이었다.

다짐만으로는 부족하다는 것도 이미 알고 있었다. 늘 그래왔으니까. 매번 했던 다짐은 매번 무너졌다. 다짐이 문제가 아니었다. 단약을 하더라도 그 이후에 돌아갈 곳이 없는 게 문제였다. 그때의 나는 그것을 아직 몰랐다. 알게 되기까지는 조금 더 시간이 필요했다.

　＊

　그러던 어느 날, 우연히 교도소에서 신문 칼럼 하나를 읽게 되었다. 천영훈 원장님이 쓴 글이었는데, 마약 중독은 질병이며 질병이기 때문에 치료가 가능하다는 내용이었다. 마약 사범은 처벌이 아닌 치료를 받아야 하고, 밀반입이나 판매 사범에 대해서는 더 강한 처벌이 필요하다고 했다.

　마약도 안 해 본 의사가 마약 중독을 어떻게 고친다는 건지, 병원 진료로 마약 중독이 낫는다면 왜 아직도 중독자들이 이렇게 많은 건지 반신반의했다. 그러면서도 그 칼럼을 읽고 앞이 캄캄한 길에서 한 줄기 빛을 발견한 것 같은 느낌이 들었다. 하지만 단약에 대한 관심은 거기까지였다. 출소와 함께 그 기억도 흐릿해졌다. 그리고 나는 또 마약을 했다. 놀랍지 않았다. 늘 그래왔으니까.

　그렇게 다시 마약에 빠져 살던 어느 날, 동네 후배가 맥주 한잔 하자고 했다. 별생각 없이 따라간 술집에서 지금의 아내를 만났다. 술집 사장이었던 그녀는 구김살이 없었다. 처음 볼 때부터 편안한 사람이라는 느낌이 들었다.

첫눈에 마음이 갔다. 후배에게 소개시켜 달라고 했더니 손을 내저으며 "너무 착한 사람이라 형 같은 사람 만나면 안 되는 여자"라고 했다. 그 말이 맞다는 걸 나도 알았다. 그래도 마음을 접지 못했다.

후배와 헤어진 다음 날, 다시 그 술집을 찾았다. 그 후로도 며칠 동안 계속 갔던 것 같다. 그렇게 그녀와 가까워졌다. 아무것도 모르는 그녀는 아무것도 없는 나를 많이 사랑해 주었다. 그녀를 만나는 초반에는 마약을 하지 않았다. 그녀 앞에서만큼은 괜찮은 사람이고 싶었던 것 같다. 하지만 그 마음이 오래가지는 않았다. 얼마 지나지 않아 다시 마약을 했고, 평소와 다른 내 모습을 보며 그녀는 이상하다고 했다. 이런저런 핑계로 몇 번의 의심을 넘겼다.

그런데 어느 날, 숨겨둔 주사기를 그녀가 발견하고 말았다. 아무것도 모르는 그녀에게 온갖 거짓말을 늘어놓으며 그 순간을 겨우 넘겼다. 위기를 넘기고 나서도 나는 멈추지 않았다. "이번이 마지막이야. 난 아직 괜찮아." 그 주문을 되뇌며 계속 마약을 했다. 그 주문이 한 번도 맞은 적이 없다는 걸 알면서도.

몇 번 더 발각된 끝에 그녀는 결국 헤어지자고 했다.

그 순간 이상하게도, 그 어떤 때보다 간절해졌다. 교도소에 끌려가던 날도, 실형을 선고받던 날도 느끼지 못했던 감정이었다. 그녀를 잃고 싶지 않았다. 그녀의 마음을 붙잡을 수 있는 방법은 하나뿐이었다. 그때 처음으로 병원 문을 두드렸다. 그녀의 마음을 돌리기 위해서였지만, 그것이 내가 할 수 있는 유일한 선택이었다.

*

마약에 취한 상태로, 교도소에서 읽었던 칼럼을 쓴 의사가 원장으로 있는 병원을 찾아갔고, 치료를 받기 시작했다. 진료를 받고 개인 상담을 하며 약 5년 동안 치료를 받았다.

초기 단약 과정에서 원장님께 교도소 마약 재활 교육 강사가 될 수 있냐고 물었다. 내가 교도소에 수감될 당시만 해도 전국의 초범, 재범 마약 사범들 중 극소수를 선발해 교육을 했었다. 그때 나도 재활 교육을 받으면 마약을 끊는 데 도움이 되지 않을까 하는 막연한 생각을 했던 게 떠올랐다. 그러나 전과가 많았던 나에겐 기회가 없었다. 원장님께 어떻게 하면 마약 재활 교육 강사가 될 수 있는지 물었다. 원장님의 대답은 간단했다. "사회복지 공부를 한 번 해보세요."

그 말 한마디가 내 인생의 새로운 장을 열었다. 나는 사회복지 공부를 시작했고, 마약을 끊고 싶어 하는 중독자들이 모여 자신의 단약 경험을 나누는 'NA 모임'에도 열심히 참여했다. NA 모임과 병원을 다니며 마약을 끊기 위해 필요한 많은 것들을 알아가며, 나도 모르는 사이에 이 길이 나의 새로운 목표가 되었다.

NA 모임에 열성적으로 참여하던 내게 당시 한국마약퇴치운동본부 센터장인 박영덕 센터장님이 제안을 해왔다. '재활 강사'를 한 번 해보라는 것이었다. 센터장님 역시 회복 중인 마약 중독자였기에 나도 할 수 있다고 했다. 그렇게 재활 강사로서 기소유예 교육, 법정 의무 교육을 비롯해 전국 교도소를 다니며 마약 재활 교육을 하게 되었다. 이후 내가 환자로 진료를 다니던 참사랑병원에서 상담사 제안을 받아 상담사로 일하기 시작했다. 그리고 단계를 밟아 지금은 인천 다르크 센터장까지 되었다.

다른 마약 중독자들의 이야기를 들으며 그들을 돕고

싶다는 생각이 들었고, 그 생각은 내 삶의 새로운 이유가 되었다. 마약으로 잃어버린 세월을 회복하는 과정에서 다른 중독자들을 도울 수 있는 위치에 서게 된 것이다.

*

돌이켜보면, 내가 단약을 결심하게 된 진정한 계기는 두 가지였다. 하나는 아내를 향한 사랑이었고, 다른 하나는 전문가의 도움이었다. 당시 여자친구였던 아내는 나를 지극정성으로 도와주었지만, 마약을 끊지 못하는 나에게 끝내 헤어지자는 말을 했다. 그때 내게 남은 생각은 하나뿐이었다. 그녀를 되찾으려면 마약을 끊어야 한다는 것.

그리고 전문적인 치료와 교육은 내게 마약 중독의 본질을 이해하게 해주었다. 마약 중독이 의지의 문제가 아니라 치료가 필요한 질병이라는 사실을 받아들이게 되었다. 이런 인식의 변화는 내가 단약을 지속할 수 있는 중요한 기반이 되었다.

단약을 이루려면

피할 수 없는 고통

마약에 빠져 있던 시절, 나는 습관적으로 모든 것을 미루는 삶을 살았다. 해야 할 일, 마주해야 할 감정, 해결해야 할 문제들. 모든 것을 뒤로 밀어두고 그 자리를 마약으로 채웠다. 당연하게도 그건 좋은 선택이 아니었다.

가장 큰 문제는 감정을 미룬 것이었다. 진짜 내 감정이 무엇인지 알 수 없게 되었다. 분노, 외로움, 슬픔, 심지어 즐거움까지도 미루며 마약에 기댔다. 흔히 사람들은 마약을 슬플 때 할 거라고 생각하지만, 그렇게 단순하지 않다. 슬플 때도 하고, 우울할 때도 하고, 기쁠 때도 했다. 슬플 때는 그 슬픔을 잊으려고, 기쁠 때는 그 기쁨을 더 크게 느끼려고 말이다. 마약은 내 감정 상태와 상관없이 언제나 나와 함께했다. 그렇게 시간이 지나면서 나는 진짜 감정을 느끼는 법을 잊어버렸다.

느끼지 못한 감정들은 사라지지 않았다. 어딘가에 조용히 쌓여갔다. 그 창고는 점점 무거워졌고, 그 무게는 단약을 시작하는 순간 내가 한꺼번에 짊어져야 할 짐이 되었다. 미뤄두었던 감정들이 밀려오기 시작하자, 나는 극심한 불안에 시달렸다. 기뻐야 할 상황에서 이유 없이 우울했고, 슬퍼야 할 순간에 웃음이 나왔다. 감정이 뒤죽박죽이었다. 이 감정이라는 걸 어떻게 다뤄야 하는지 몰랐다. 그래서 계속 초조했다.

✳

감정이 밖으로 터져 나오는 가장 흔한 형태는 분노였다. 그것은 나 스스로를 향한 분노다. 감정이 밀려올 때마다 초조해졌고, 그 초조함을 더 이상 마약으로 도망치지 않고 마주해야 했기에 분노로 분출되었다. 내 안에 쌓인 분노는 활화산 같았다. 언제 터질지 알 수 없었고, 그 화살은 늘 가장 가까운 사람인 아내에게 향했다.

지금의 아내와 함께 카페를 운영하던 시절이었다. 우리는 거의 24시간을 함께했다. 자연스럽게 분노의 대상은 아내가 되었다. 눈만 마주쳐도 심한 말을 하고 화를 냈다. 별다른 이유는 없었다. 그저 쌓인 감정을 어떻게 토해내야 하는지 몰랐을 뿐이었다. 내가 화를 내면 아내는 설거지를 하면서, 또는 뒤돌아서서 조용히 울었다. 같이 화내지 않고 그냥 묵묵히 받아주었다. 그 인내가 얼마나 크고 무거운 것이었는지 생각만 해도 가슴이 먹먹해진다.

그 시절 나는 아내의 눈을 마주치기가 힘들었다. 그녀의 눈에 비친 내 모습을 보기가 두려웠던 걸까, 아니면 스스로의 모습이 너무 부끄러웠던 걸까. 아마 둘 다였을 것이디. 의사들은 이런 상태를 '마른 주정'이라 부르기도 한다. 술을 마시지 않았는데도 마치 술에 취한 것처럼 감정의 기복이 극심해지는 현상이 단약 과정에서도 나타난다. 나는 마약 없이 감정을 조절하는 방법을 처음부터 다시 배워야 했다.

✳

이 과정이 2년 가까이 지속되었다. 매일이 지옥 같았다. 아침에 눈을 뜨는 순간부터 밤에 잠드는 순간까지 쉬지 않고 내 감정과 싸워야 했다. 주변 사람들도 함께 고통받았다. 내 모든 것을 받아내야 했던 그들이 얼마나 힘들었을지, 지금도 가늠하기 어렵다. 때로는 내가 그들에게 너무 큰 짐이 되는 건 아닌지 두렵기도 했다.

이것이 단약의 현실이다. 고독하고, 고통스럽고, 끝날 것 같지 않은 악몽 같은 나날들. 하지만 그 모든 과정을 버텨내면서, 나는 그제야 마약의 본질을 깨달았다. 마약이 주는 기쁨과 쾌락은 모두 환상이었다. 내가 그토록 의지했던 그것이 사실은 나를 천천히, 그러나 확실하게 파괴하고 있었다는 것을 인정하게 되었다.

마약 중독 치료 과정에서 의사들은 보통 졸피뎀, 디아제팜 같은 치료용 약물을 처방한다. 처음에는 나도 그런 약들을 복용했다. 그런데 어느 날 아침, 선배에게서 연락이 왔다. "너 무슨 일이야? 왜 아침에 마약 가져다 달라고 연락했어?" 기억이 전혀 없었다. 믿기지 않아 휴대폰 통화 기록을 확인했다. 정말로 여러 번의 통화 기록이 남아 있었다. 내가 한 전화였지만, 내 기억에는 없었다. 그 사실이 나를 크게 흔들었다.

교도소에서도 비슷한 일이 있었다. 마약 수감자들에게 정신과 약물을 제공하는데, 그 약들이 식욕을 극단적으로 끌어올렸다. 대마와 비슷한 방식으로 신경전달물질에 영향을 주는 것이다. 저녁 무렵이면 수감자들이 모여 앉아 빵, 닭다리, 과자를 한데 모아 정신없이 먹었다. 그런데 다음 날 아침이면 그 사실이 전혀 기억나지 않았다. 옆 사람이 "너 어제 빵 열 개 먹었어"라고 해도 전혀 기억이 나지 않았다.

기억이 사라지는 일이 자꾸 생긴다고 했더니 주치의가 말했다. 정신과 약을 갑자기 끊으면 매우 힘들어지니 복용량을 서서히 줄여가며 천천히 끊어야 한다고. 증상이 있어도 처방된 약은 계속 먹으라고 했다.

나는 그 말을 따르고 싶지 않았다. 주치의가 처방해 준 약을 계속 먹다간 약을 영영 끊지 못하게 될 것 같았다. 기억도 없는 상태에서 무슨 일을 저지를지 알 수 없었다. 그건 또 다른 중독의 함정에 스스로 발을 들이미는 것과

다름없다고 생각했다. 마약을 끊으러 갔다가 다른 약에 붙들리는 것만은 피하고 싶었다.

✳

약을 완전히 끊자 부작용이 찾아왔다. 잠이 전혀 오지 않고, 모든 것에 예민해졌다. 처방약을 복용할 때는 몰랐던 또 다른 문제들이 보이기 시작했다. 잠을 자지 못하는 상태가 약 열흘 정도 지속되었다. 잠을 이루지 못하는 밤이 이어지자, 공원에 나가 산책을 하기 시작했다. 처음에는 1시간 정도 걸었는데, 시간이 갈수록 3시간까지 걷게 되었다. 비가 오나 눈이 오나 매일 걸었고, 아내도 매일 함께했다.

지금 생각해 보면, 이 걷기라는 단순한 활동이 내 치료 과정에 엄청난 도움이 된 것 같다. 처음에는 단순히 몇 분 동안 걸었는지, 몇 걸음이나 걸었는지와 같은 사소한 것에 집중하며 걸었다. 그런데 시간이 지나면서 얼마나 걷는지는 중요하지 않았다. 그냥 걸음에 집중해 자연스럽게 걷고 있는 나를 발견했다. 그리고 걷는 동안 생각이 정말 많이 정리되었다. 과거의 내 모습, 현재의 상태, 앞으로 나아가야 할 방향 등을 차분히 생각할 수 있었다.

당시 주치의는 약을 끊으려면 일을 쉬라고 했다. 나는 그 조언에 따라 아무 일도 하지 않고 있었다. 덕분에 시간이 많았고, 그 시간을 걷는 데 모두 쏟았다. 만약 집 안에만 있었다면 어떻게 되었을지 모르겠다. 상태가 훨씬 나빠졌을지도 모른다. 그렇게 3년 넘게 하루도 빠짐없이 걸었다. 걷기는 어느새 단순한 산책이 아니라, 나 자신과의 약속이 되어 있었다. 걷기는 스스로에게 한 약속을 지키는 일이었다.

그 약속이 조금씩 책임감을 만들어 냈다. 매일 걷겠다는 약속을 지키면서 작은 성취감이 생겼다. 그 성취감이 다음 날도 나가게 만들었다. 거창한 목표는 아니었지만, 그냥 오늘도 걸었다는 것. 그 단순한 사실이 내 안에 작은 기둥 하나를 세워주었다.

마른 주정 상태에서 밀려오는 스트레스와 분노도 걷는 동안 자연스럽게 빠져나갔다. 이전에는 그 감정들이 고스란히 가장 가까이 있는 아내에게 향했다. 그런데 걷기를 시작하면서부터 그 빈도가 눈에 띄게 줄었다. 왜 그런지 설명할 수 없지만, 걷고 나면 마음이 조금 가벼워지는 느낌이었다.

✳

돌이켜보면, 단약하는 과정은 내 인생에서 가장 어두운 시기인 동시에 가장 많은 것을 배운 시기이기도 했다. 내 감정을 정면으로 마주하는 법을 배웠고, 진짜 관계가 무엇인지 알게 되었다. 그리고 무엇보다, 아무 조건 없이 누군가를 곁에 두는 것이 얼마나 큰 힘이 되는지를 처음으로 실감했다.

이제 나는 감정을 미루지 않으려 한다. 완벽하지는 않지만, 매 순간 내 감정을 알아차리고 받아들이려고 노력한다. 여전히 힘든 날이 있고, 무너질 것 같은 날도 있다. 하지만 이제는 도망치지 않는다. 그것만으로도 예전의 나와는 다른 사람이 되었다고 생각한다.

마약 중독에서 벗어나는 길은 결코 깔끔하지 않았다. 되돌아가고 싶은 날도 있었고, 이게 맞는 건지 흔들리는 날도 많았다. 그러나 그 과정에서 나는 진짜 삶이 무엇인지를 조금씩 찾아갔다. 환상에 기대지 않고, 지금 이 순간을 있는 그대로 버티는 것. 그것이 내가 배운 것이다. 그리고 그 모든 과정을 옆에서 지켜봐 준 아내와 주변 사람들에게 말로 다 표현하지 못할 만큼 감사하다.

다시 시작하는
소중하고 평범한 일상

단약을 시작하면서 가장 먼저 해야 할 일이 있었다. 나쁜 인간관계를 정리하고, 건강한 관계를 새로 만드는 것이었다. 마약을 하던 시절 내 주변에는 대부분 인천 사람들, 동네 사람들뿐이었다. 그런데 교도소를 여러 번 다녀오면서 마약과 얽힌 사람들이 점점 더 늘어났다. 교도소가 오히려 그 인연을 확장한 것이다.

교도소는 전국에서 온 마약 사범들이 한자리에 모이는 곳이었다. 그 안에서 다양한 지역 사람들을 만나다 보면 자연스럽게 전국적인 네트워크가 형성되었다. 마약 세계에서 이른바 전국구 인물이 되는 것이다. 어느 정도 유명해지면 교도소에서 만난 선배들이 출소 후에 면회를 오기도 했고, 내가 출소하는 날에는 교도소 앞에서 나를 기다리기도 했다. 마약을 들고서! 출소를 기념하는 마약, 이른바 '출소뽕'이라 불리는 악습이었다. 교도소가 교화의 공간이 아니라 더 깊은 마약 세계로 들어가는 통로가 되어 버리는 것이다.

결국 수차례의 수감을 거치고 나서 내게 남은 인간관계는 딱 두 종류뿐이었다. 나에게 마약을 주는 사람과 내가 마약을 주는 사람. 그 외의 모든 건강한 관계는 서서히 사라졌다. 부모님만이 연락을 주고받는 유일한 사람으로 남았다.

이런 내게 주치의는 이렇게 말했다. "아무것도 하지 말고, 신부처럼 살아가라." 처음엔 그 말이 이상하게 들렸는데, 지금 생각해 보니 잘못된 인간관계로 얽혀 있는 세상과 완전히 단절하라는 뜻이었다. 나는 그 말을 따르기로 했다. 38년 동안 쌓아온 모든 인간관계를 가위로 잘라내듯 끊어냈다.

∗

그런데 놀라운 일이 생겼다. 그렇게 하자 삶이 갑자기 가벼워졌다. 하루 일과는 단순해졌다. 일주일에 한 번 병원 진료, 하루 세 시간 산책, 그리고 집에서 빈둥거리는 것이 전부였다. 처음에는 너무 지루했다. 아무것도 하지 않는 시간이 오히려 고통스럽기도 했다. 몇 달이 지나자 돈을 벌고 싶다는 생각이 들었다. 일을 하고 싶다는 욕구가 생겼다.

하지만 주치의는 단호했다. "하지 마라. 돈이 들어오면 분명히 마약을 다시 할 거다." 돈을 벌기 위해 일하는 게 아니라, 마약값을 마련하려고 일하게 될 거라는 경고였다. 곰곰이 생각해 보니 틀린 말이 아니었다. 과거의 나는 일을 시작해 돈이 들어오면 어김없이 마약을 다시 시작했고, 결국 직장을 잃기를 반복했다. 그걸 알면서도 매번 같은 실수를 했다.

아무것도 하지 않고 하루하루를 버티는 것은 여간 힘든 일이 아니었다. 그 시기에 천주교 집안에서 자란 아내가 성당에 갈 것을 권했다. 별 기대 없이 따라갔다. 그런데 미사 시작 전 성당의 조용한 분위기가 묘하게 마음을 건드렸다. 아무 말도 하지 않아도 되는 공간, 아무것도 설명하지 않아도 되는 시간. 그 고요함이 낯설면서도 좋았다. 자연스럽게 교리 교육을 받게 되었고, 결국 세례까지 받았다.

시간이 흐르면서 병원 진료 주기가 길어졌다. 일주일에 한 번이 2주에 한 번이 되었고, 그다음엔 한 달에 한 번이 되었다. 진료 때마다 소변 검사를 해야 했는데, 처음에는 왜 나를 믿지 못하는지 불만이었다.

그런데 지금 치료자의 위치에서 돌아보니 소변 검사의 의미가 달리 보인다. 그것은 단순한 확인 절차가 아니라, 의사와 환자 사이에 신뢰를 쌓는 치료적 도구였다. 마약 중독자들은 대부분 오랜 단절을 경험했기에 타인에게 인정받고 싶은 욕구가 강하다. 소변 검사를 통과했을 때 주치의가 보여주는 반응, 그 작은 인정이 생각보다 큰 힘이 되었다. 검사가 단순한 감시가 아니라 관계의 일부가 되는 것이다.

어느새 진료 받는 15분 남짓한 시간이 소중해졌고, 병원 가는 날이 기다려졌다. 어느 날, 주치의가 내게 뭘 하고 싶은지 물었다. 교도소에서 실시하는 마약 재활 교육 강사를 해보고 싶다고 대답했다. 그리고 그 말을 잊고 지냈다.

＊

단약한 지 1년이 조금 넘었을 무렵, 주치의가 사회복지 공부를 해보라고 했다. 마흔 살에 공부라니, 상상해 본 적도 없는 일이었다. 단호하게 거절했지만, 주치의는 계속 권했다. 어느 날 주치의가 전화번호가 적힌 쪽지 하나를 건넸다. 쪽지에는 '12단계 치료 공동체'라고 쓰여 있었다. 알코올 중독자들의 회복을 위한 치료 공동체였다. 호기심에 그곳을 찾아갔다. 나를 맞이한 사람은 알코올 중독에서 회복한 회복자였고, 원광디지털대학교 겸임교수로 활동하던 신양호 교수님이었다.

교수님은 내가 주치의 소개로 왔다는 것을 알고, 공부를 해보는 게 어떻겠냐고 물으셨다. 그리고 이런 말씀을 해주셨다. "살면서 가장 후회되는 것은 알코올 중독자가 된 것이 아니에요. 삶 속에서 수많은 결단의 순간이 오는데, 할까 말까 고민하다가 거의 모든 것을 시작도 못 해 보고 인생을 다 보낸 겁니다. 지금 대학 공부를 시작해도 4년이 가고, 그냥 있어도 4년이라는 시간은 똑같이 흘러갑니다." 그 말이 기억에 오래 남았다.

그날 나는 인생의 영적 스승을 만났다. 12단계 치료 공동체는 매주 금요일 오후 7시부터 8시 30분까지 당사자 모임을 열었다. 나에게 또 하나의 회복 네트워크가 생긴 것이었고, 동시에 금요일이라는 날에 처음으로 의미가 생겼다. 그 후 3년 가까이 모임에 참석했고, 그곳에서 회복의 여정을 함께할 동지들인 안광수, 전지용, 서지윤을 만나게 되었다.

신양호 교수님의 말이 머릿속에서 떠나지 않았다. 그냥 있어도 4년은 간다. 그 말이 조용히, 그러나 끈질기게 나를 밀었다. 마흔에 공부를 시작하기에는 늦은 것 같았지만, 아무것도 하지 않아도 시간은 똑같이 흘러간다는 사실 앞에서 더 이상 망설일 이유가 없었다. 결국 공부를 시작하기로 했다.

원광디지털대학교 사회복지학과에 입학했다. 처음에는 컴퓨터 다루는 법부터 배워야 했다. 온라인 강의를 듣고 과제를 제출하는 것조차 서툴렀다. 타자도 느렸고, 파일을 첨부하는 방법도 몰랐다. 그래도 포기하지 않았다. 아내가 옆에서 모르는 것을 가르쳐 주었고, 내가 조용히 공부할 수 있는 환경을 만들어 주었다.

공부를 시작하면서 마약에 대한 생각이 조금씩 줄어들었다. 새로운 것을 배우는 즐거움, 과제를 마쳤을 때의 작은 성취감이 마약이 차지하던 자리를 조금씩 채워갔다. 특히 중독 관련 과목을 공부할 때는 내가 왜 그렇게 행동했는지, 왜 마약을 끊지 못했는지 객관적으로 바라볼 수 있었다. 그것이 단순한 의지력의 문제가 아니라 뇌의 변화와 환경적·심리적 요인이 복합적으로 작용한 결과라는 것을 처음으로 이해하게 되었다. 나를 오랫동안 짓눌러 온 자책이 조금씩 가벼워졌다.

대학 공부는 지식 이상의 것을 주었다. 새로운 정체성이었다. 더 이상 마약 중독자가 아닌, 대학생이자 미래의 사회복지사로서의 정체성이 생겼다. 그 정체성이 생각보다 단단한 버팀목이 되어주었다. 자부심이 생겼고, 그 자부심이 단약을 유지하는 이유 중 하나가 되었다.

*

공부를 하면서 가장 크게 달라진 점은, 내 경험이 다른 사람을 도울 수 있다는 걸 실감하게 된 것이었다. 주치의에게 말했던 꿈, 교도소에서 마약 재활 교육 강사를 하고 싶다는 그 말이 조금씩 구체적인 형태를 갖춰 나갔다. 내 고통이 누군가에게 도움이 될 수 있다는 사실은, 과거의 상처에 새로운 의미를 부여해 주었다. 잃어버린 시간이 완전히 낭비된 것만은 아닐 수 있다는 생각이 들었다.

배운 이론과 내 경험을 하나씩 맞춰 보면서, 나만의 회복 방식을 구상했다. 산책이 마른 주정 상태의 분노를 어떻게 흘려보내는지, 건강한 인간관계가 왜 단약의 핵심인지, 소소한 일상의 약속이 어떻게 자존감을 쌓아 올리는지. 직접 몸으로 겪은 것들이 이론과 겹쳐지자 더 또렷하게 보였다.

3학년 때 한국마약퇴치운동본부에서 실습할 기회가 생겼다. 다양한 중독 문제를 지닌 사람들을 만났다. 조심스럽게 내 이야기를 꺼냈다. 놀랍게도 그들은 귀를 기울였다. 당신도 변할 수 있다는 말이 아니라, 나도 당신과 같은 자리에 있었다는 말이 그들의 마음을 열었다. 공감이 설득보다 강하다는 것을 그때 처음으로 실감했다.

4학년 때 드디어 교도소 마약 재활 교육 프로그램에 강사로 참여할 기회가 생겼다. 수감자로 여러 번 드나들던 그 교도소를, 이번에는 교육자로 들어서는 것이었다. 처음 강당에 들어섰을 때의 감정은 쉽게 표현하기 어렵다. 두려움, 부끄러움, 그리고 말로 설명하기 힘든 감사함이 한꺼번에 밀려왔다.

첫 강의는 서툴렀다. 하지만 수감자들의 반응은 생각보다 훨씬 좋았다. 그들은 집중했고, 질문을 던졌다. 무엇보다 그들의 눈빛 안에서 작은 무언가가 보였다. 희망이라고 부를 수 있을 것 같은 것. 그 순간, 내 고통이 헛되지 않았다는 것을 깨달았다.

✳

회복 과정에서 가장 크게 달라진 것은 일상을 바라보는 눈이었다. 마약에 빠져 있을 때는 평범한 하루가 지루하고 무의미하게 느껴졌다. 그래서 자극을 찾았고, 자극이 없으면 현실에서 도망쳤다. 그런데 회복을 하면서 그 평범함이 얼마나 소중한지를 조금씩 알게 되었다.

아침에 맑은 정신으로 눈을 뜨는 것, 아내와 함께 아침을 먹는 것, 책을 읽다가 모르는 단어를 찾아보는 것, 저녁에 아내와 같이 걷는 것. 이런 것들이 마약이 주던 일시적인 쾌감보다 훨씬 깊고 오래간다는 것을 이제는 안다. 진짜 기쁨은 자극이 아니라 반복 속에 있었다.

아내와의 관계도 달라졌다. 단약 초기에 그녀에게 쏟아냈던 말과 행동이 지금도 가끔 떠오른다. 그런데도 그녀는 나를 떠나지 않았다. 지금은 서로의 눈을 마주 보며 이야기하고, 함께 웃고, 앞날을 함께 그릴 수 있게 되었다. 그것이 기적이라면 기적이다.

대학을 졸업한 후 본격적으로 회복 상담사 일을 시작했다. 낮은 자리에서 시작했지만, 경험과 진심을 인정받으면서 조금씩 더 많은 역할을 맡게 되었다. 지금은 마약 중독자들의 회복을 돕는 재활센터를 직접 운영하고 있다.

물론 지금도 쉽지 않은 날이 있다. 갑자기 갈망이 찾아오는 날이 있고, 과거가 악몽처럼 밀려오는 밤도 있다. 스트레스가 쌓이면 도망치고 싶은 충동이 든다. 그럴 때마다 내가 어디서 왔는지, 그리고 지금 내가 어디 서 있는지를 떠올린다. 그것으로 충분할 때가 많다.

단약한 지 13년이 지났다. 한때는 교도소를 들락날락하며 살아가던 사람이 이제는 같은 자리에 있는 사람들을 돕는 일을 한다. 이 모든 것이 가능했던 데는 주치의의 조언, 아내의 사랑, 교수님의 한마디, 그리고 함께 걸어온 회복 동지들이 있었다.

그러나 나는 여전히 회복 중인 중독자다. 완전한 치료란 없고, 회복은 평생의 여정이라는 것을 안다. 그래서 나는 매일 아침, 오늘 하루만 약을 하지 않겠다고 다짐한다. 거창한 결심이 아니다. 그냥 오늘 하루. 그 단순한 다짐이 쌓여 13년이 되었다.

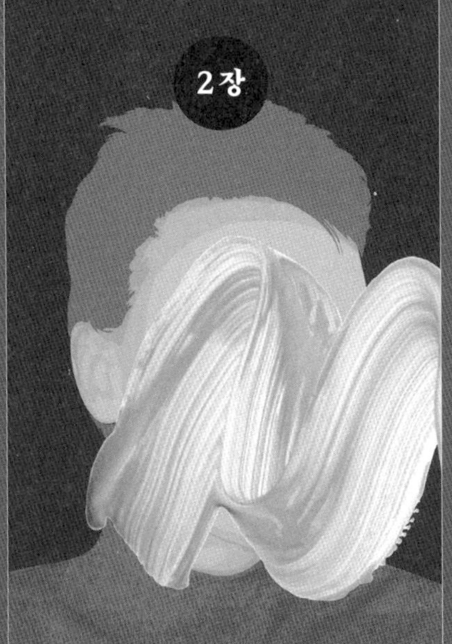

단약을 돕는

나의 이야기

고립이 아닌

모두의 회복으로

우리나라가 '마약 청정국'이라는 말을 자랑스럽게 내세우던 시절이 있었다. 인구 10만 명당 마약 사범 20명 미만, 5천만 인구 기준으로 1만 명 미만이 마약 범죄로 잡힐 때 유지할 수 있었던 지위다. 그 숫자를 지키는 것이 자랑이자 자존심이었다. 그런데 2023년에는 그 숫자가 2만 7천 명을 넘어섰다. 그것도 경찰에 잡힌 사람만 집계한 것이다. 잡히지 않은 사람까지 포함하면 실제 규모는 훨씬 클 것이다. 이 수치가 무엇을 나타내는지 이제는 직면할 필요가 있다. 더 이상 마약 청정국이라는 말을 쓸 수 없는 현실을 인정하는 것이 변화의 시작이다.

단순히 마약 사범 수만 늘어난 것이 아니다. 유통 방식과 접근 경로도 완전히 달라졌다. 과거에는 사람을 통해 소개를 받고 직접 만나야 했지만, 이제는 휴대폰 하나로 모든 것이 가능하다. 텔레그램이 마약을 위한 슈퍼마켓이 되었다. 젊은 층이 익숙하게 쓰는 플랫폼이 마약 거래의 창구가 된 것이다. 24시간 열려 있고, 배달이 되고, 얼굴을 보지 않아도 된다. 세계에서 가장 빠른 인터넷 속도를 자랑하는 나라에서 마약 유통 역시 그 속도를 따라잡았다. 강남에서 피자 배달보다 마약 배달이 더 빠를 것이라는 말이 농담처럼 돌 정도로, 마약 거래는 쉽고 빠르게 이루어지고 있다.

*

내가 치료센터에서 만나는 환자들의 연령대가 점점 낮아지고 있다. 대검찰청 〈마약류 범죄백서〉의 통계에 따르면, 20대 마약 사용자의 비율이 2019년 약 22%에서 2023년 약 30%로 두 배 가까이 급증했다. 2025년에는 34~35%를 차지할 것으로 추산된다.

개인화가 가속화되고 SNS가 일상이 되자 주로 하는 마약의 종류도 달라졌다. 40대에서 60대는 필로폰이나 대마초를 주로 한다. 그런데 젊은 층은 액상 대마, 케타민, 엑스터시 등 라이트한 신종 마약을 선호한다. 이것들은 접근이 쉽고, 가격도 비교적 낮다. 냄새가 나지 않고 크기도 작아 흔적도 거의 남지 않는다. 그러니 스스로를 중독자라고 인식하지 못하는 사람이 많다. 그냥 가끔 즐기는 것이라는 착각이 문제를 더 키운다.

해외여행이 늘어난 것도 이러한 흐름에 영향을 미쳤다. 미국, 캐나다, 아르헨티나, 태국에서 대마를 합법화하는 움직임이 생겼다. 유럽에서는 불법이지만 처벌하지 않는 나라들이 늘었다. 그 경험을 하고 돌아온 젊은이들의 눈에 한국의 기준이 다르게 보인다. '다른 나라에서는 괜찮았는데'라는 생각이 경계를 허문다. 세상이 허용하는 것처럼 느껴지면, 해서는 안 된다는 판단은 흐릿해진다. 다른 나라에서의 경험이 이 나라에서의 판단 기준을 바꿔놓는 것이다. 그 간극을 메울 수 있는 교육이 없으니 혼자서 그 간극을 감당해야 한다.

*

언론의 보도 방식도 문제다. 조회 수에 집중하다 보니 극단적인 중독 사례만 반복해서 다루는 경우가 대부분이다. 폐인이 된 사람, 가족을 잃은 사람, 바닥까지 추락한 사람들의 이야기만 계속 나온다. 경각심을 주려는 의도겠지만, 오히려 '나는 저 정도까지는 아니니까'라는 생각으로 라이트한 마약에 경계를 낮추게 되는 역설적인 상황이 벌어진다. 극단적인 사례만 다루는 보도가 중간 단계에 있는 사람들에게는 오히려 안심의 근거가 되는 것이다. 그래서 이런 보도를 볼 때마다 안타깝다.

정보 리터러시 교육의 필요성이 대두되었다. 어떤 정보를 믿어야 하는지, 그것을 어떻게 판단해야 하는지 가르쳐야 한다는 말이다. 그런데 현실에서 그 교육이 얼마나 제대로 이뤄지고 있는지는 의문이다. 인터넷에서는 마약의 긍정적인 측면을 강조한 정보를 쉽게 찾을 수 있다. 국가가 제공하는 정보보다 훨씬 구체적이다. 실제 경험자의 후기처럼 읽기 쉽게 쓰여 있고, 부작용보다 효과를 먼저 이야기한다. 그 정보가 국가의 공식 정보보다 설득력 있게 느껴지는 이유가 있다. 국가 정보가 부정확하거나 과장되었다는 것을 한 번이라도 알게 되면, 그 이후에 접하는 국가 정보를 더는 믿지 않게 된다. 믿음이 가지 않는 국가의 정보보다, 인터넷의 그럴듯하게 포장된 정보에 판단력이 흐려지는 것은 어쩌면 자연스러운 결과다.

　더구나 학교에서 중독에 대해 배우는 시간은 얼마나 되는가. 그 내용이 지금의 현실을 얼마나 반영하고 있는가. 텔레그램으로 마약을 구하는 방법을 아는 아이들에게 30년 전에 만들어진 방식으로 교육하고 있는 건 아닐까. 세상은 바뀌었는데 교육은 그 속도를 따라가지 못하고 있다. 그 간극 사이로 빠져나온 아이들을 매일 센터에서 만난다.

＊

　마약 문제를 바라보는 사회의 목소리는 이제 어렵지 않게 들을 수 있다. "집행유예는 옳지 않다", "강한 형량으로 처벌하라." 분노와 두려움이 뒤섞인 그 목소리들이 댓글 창을 가득 채운다. 범죄를 저질렀으니 처벌해야 한다는 말은 틀리지 않다. 그런데 그런 말을 듣고 있으면 마음 한 켠이 씁쓸해진다. 그 분노가 향하는 곳이 어딘지, 그리고 그 분노가 실제로 무엇을 바꾸는지를 생각하면 더욱 그렇다. 많은 사람이 마약을 한 사람을 사회에서 지워버리고 싶어 한다. 묻고 싶다. 과연 그것이 옳은 길인가. 고립이 해답이 된 적이 있었던가.

나는 다르게 생각한다. 마약 중독자를 구석으로 밀어 넣는 것이 아니라, 밝은 곳으로 꺼내는 것이 맞다고 본다. 마약의 폐해를 직접 겪은 사람이 자신의 이야기를 여과 없이 꺼내놓을 때, 그것이 어떤 캠페인보다 강한 메시지가 된다. 마약 없는 삶이 건강한 삶이라는 말을, 직접 그 길을 걸어온 사람의 입으로 들을 때 사람들은 다르게 받아들인다. 회복의 과정을 대중 앞에 보여주며 약속하는 행동, 그 것이야말로 단약을 향한 진짜 책임감을 부여하는 길이라고 생각한다. 숨겨진 사람은 책임질 대상도 없다. 하지만 드러난 사람은 다르다.

내가 유튜브를 시작한 이유도 바로 여기에 있다. 마약을 끊어야 한다는 강한 의지는 그를 고립시킬 때 생기는 게 아니다. 오히려 밝은 곳에서 마약에 대해 건강하게 이야기할 수 있을 때 견고해진다. 마약에서 회복 중인 사람들은 마약이 왜 위험한지 그 무서움을 누구보다 잘 알기에, 누군가 마약과 싸워서 이겨 나가는 고통스러운 여정을 있는 그대로 보여줄 때 예방 효과가 극대화된다.

✳

미국의 회복 지원 모델 중에 '피어 서포트(Peer Support)'라는 것이 있다. 회복 중인 중독자들이 일정 교육을 수료하고 전문가가 되어, 다른 중독자를 돕고 지지하는 시스템이다. 미국 약물 남용 및 정신건강서비스국(Substance Abuse and Mental Health Services Administration, SAMHSA)의 연구에 따르면 이 모델이 재발률을 낮추는 데 실질적인 효과가 있다고 한다. 핵심은 간단하다. 같은 경험을 한 사람이 돕는다는 것. 이론으로 아는 사람이 아니라, 몸으로 겪어본 사람이 곁에 있다는 것. 그 효과가 생각보다 훨씬 크다.

우리나라의 경우 대중은 마약을 한 사람들이 조용히 사라지기를 바란다. 보이지 않으면 없는 것처럼 여기고 싶어 한다. 그런데 마약 중독의 역사가 깊은 나라들은 그와 반대로 말한다. 중독자들이 목소리를 더 내야 한다고 말이다. 회복 과정이 사회에 공유될수록 사회적 비용이 줄어든다고 한다. 숨기면 숨길수록 문제는 커지고, 오히려 드러낼수록 해결의 실마리가 생긴다는 것을 수십 년의 데이터가 보여준다. 우리만 아직 그 방향으로 가지 못하고 있다.

우리나라의 마약 단속 제도 또한 여전히 강력한 처벌에 중점을 두고 있다. 잡고, 가두고, 처벌하는 것. 그것이 오랫동안 이 나라가 마약에 대응하는 방식이었다. 강력한 처벌로 범죄를 줄이는 것은 전통적인 수순이니 잘못된 방향이라고 할 수는 없다. 하지만 마약 거래가 텔레그램, 트위터, 페이스북 같은 공간으로 숨어든 지금, 그 창구를 막지 못하는 한 처벌만으로는 한계가 있다. 사법권이 제대로 미치기 어려운 공간에서 거래는 은밀하고 교묘하게 이루어진다. 잡히는 사람은 잡힌다. 하지만 그래도 거래는 계속된다. 밑 빠진 독에 물 붓기와 다를 바 없다. 물 붓기를 멈춰서는 안 되지만, 구멍난 독을 막는 것도 함께 해야 한다.

✳

　나는 마약 치료의 올바른 길을 찾고 싶다. 중독자를 사회가 받아들이고 소화할 수 있는 건강한 방식을 찾아야 한다. 그들을 숨기는 것이 아니라 드러나게 하는 것, 진정한 반성과 회복의 과정을 보여주는 것, 그것이 당사자에게도 사회에도 이로운 길이라고 믿는다. 고립은 문제를 보이지 않게 할 뿐, 사라지게 하지는 않는다.

마약 중독은
후유증을 남기는
질병이다

나는 단약을 한 지 꽤 오랜 시간이 흘렀지만, 아직도 그 시절의 상처와 후유증을 안고 살아가고 있다. 대표적인 후유증은 신체적인 것들이다. 치아가 저절로 빠져 몇 개의 임플란트를 했고, C형 간염도 앓았다. 주사기를 공유하는 등의 위험한 행동이 내 건강을 망가뜨리고 말았다.

하지만 가장 심각한 후유증은 기억력 저하다. 특히 단기 기억력이 거의 사라진 것 같다. 오래된 기억은 어렴풋이 남아 있지만, 방금 전에 했던 일도 기억하지 못하는 경우가 많다. 이는 일상생활에서 큰 어려움을 준다. 예를 들어 책을 읽으려고 하면 5분도 채 못 읽는다. 집중력이 떨어지고 산만해져서 한곳에 오래 주의를 기울이기가 힘들다. 이런 상태로는 공부는커녕 일상적인 대화를 나누는 것조차 쉽지 않다. 때로는 내가 바보가 된 것 같아 좌절감을 느낀다.

다행히 완전히 회복한 후에는 이런 증상들이 많이 나아졌다. 특히 과대망상 같은 정신적인 증상은 거의 사라졌다. 하지만 여전히 뇌와 신체가 예전 같지 않다는 느낌을 지울 수 없다.

이렇게 후유증이 심한 마약을 사람들은 쉽게 끊지 못한다. 나는 마약 중독 상담 일을 한 지 10년이 넘었다. 이 오랜 시간 동안, 마약에 빠지는 사람들의 모습과 특징을 가까이에서 지켜보았다. 그러면서 마약에 대해 우리기 얼마나 많이 오해하고 있는지 알게 되었다.

✳

마약 중독은 신체적·사회적·문화적·영적 질병이다. 이는 단순히 개인의 문제가 아니라 우리 사회 전체의 문제라는 말이다. 환경적 요소, 사회 구조적 문제, 개인의 신체적·정신적 문제 등 다양한 요인이 복합적으로 작용한다. 특히 '영적' 질병이라고 말하는 이유는, 마약 중독이 사람을 정신적으로 피폐하게 만들기 때문이다. 이는 종교적인 의미가 아니라, 마약이 인간의 본질적인 부분을 파괴한다는 의미다. 내 경험상 마약에 빠지는 사람들은 대부분 고립된 사람들이다. 그들은 정신적으로 피폐해서 마약을 찾고, 마약으로 인해 더욱 피폐해진다.

이 과정은 두 가지로 나눌 수 있다. 하나는 고립되어 마약을 찾는 경우고, 다른 하나는 마약을 경험한 후 점점 고립되는 경우다. 어떤 경우든 결과는 같다. 마약 중독자는 가족도 찾지 않고, 모든 관계를 단절한다. 고립된 상태에서 마약을 시작하면 더욱 고립되고, 고립되지 않은 상태에서 마약을 시작해도 점진적으로 고립된다.

마약 회복의 핵심은 관계의 회복이다. 건강한 인간관계를 되찾고, 사회 안으로 다시 녹아드는 것이 회복의 시작이다. 약을 끊으면 가족이 돌아보기 시작하고, 끊어졌던 사회적 연결이 조금씩 다시 이어진다. 나는 이 과정을 수없이 목격했다. 그때마다 사람이 얼마나 강한 존재인지를 다시 확인한다.

최근 국내외 연구들에 따르면, 사회적 지지와 연결성이 중독 회복의 가장 중요한 요소 중 하나로 꼽힌다. 미국 국립약물남용연구소(NIDA)의 연구에 따르면, 지지적인 사회 관계를 가진 중독자들의 회복률이 그렇지 않은 이들보다 두 배 이상 높게 나타났다.

따라서 정부와 시민 단체들이 더 적극적으로 나서야 한다고 생각한다. 마약 문제는 단속과 처벌만으로 해결되지 않는다는 것을 우리는 이미 숫자로 확인할 수 있다. 치료와 재활, 그리고 회복한 사람들이 사회로 돌아올 수 있는 구조를 만드는 것이 처벌만큼, 아니 어쩌면 그 이상으로 중요한 일이다.

＊

때로는 내가 하는 이 일이 버겁게 느껴질 때가 있다. 매일 고통스러워하는 중독자들, 아픔을 겪는 그들의 가족을 보다 보면 나도 같이 지친다. 그렇게 감당하기 어렵다고 느낄 때마다 내가 왜 이 일을 시작했는지를 떠올린다. 한 사람의 인생을 바꿀 수 있다면 충분하다고 생각했던 그 마음은 지금도 변하지 않았다.

절망감을 느끼는 날도 있다. 오래 상담하던 사람이 다시 마약으로 돌아갔다는 소식을 들을 때, 아무리 노력해도 구조가 바뀌지 않는다는 무력감이 밀려올 때가 그렇다. 하지만 희망을 놓지 않으려 한다. 내가 하는 이 일이 우리 사회를 조금씩, 아주 조금씩 바꾸고 있다고 믿는다. 느리고 힘든 과정이지만, 한 사람의 삶이 달라지는 것이 결국 사회 전체를 바꾸는 힘이 될 것이다.

＊

마약 중독은 개인의 의지 부족이나 도덕성의 문제가 아니다. 사회 구조, 교육, 인간 소외의 문제다. 그러니 해결책도 그 안에서 찾아야 한다. 중독자를 비난하고 배제하는 것으로는 아무것도 달라지지 않는다. 이해하고 포용하며, 함께 치료의 길을 걷는다는 게 말처럼 쉽지 않지만, 그것 말고 다른 방법을 나는 알지 못한다.

이 일을 하면서 많은 것을 배웠다. 사람이 얼마나 약한지, 동시에 얼마나 강한지. 절망이 얼마나 깊을 수 있는지, 그리고 그 안에서도 희망이 어떻게 자라나는지. 무엇보다 관계의 힘, 사랑의 힘이 얼마나 큰지를 배웠다. 회복한 사람들을 볼 때마다 인간이 가진 가능성을 다시 확인한다. 쉬운 길이 아니었음에도 끝까지 버텨낸 사람들이 나에게 힘을 준다.

한국 사회에서

마약이란

사회적 문제는 결국 인식의 문제라고 생각한다. 국내에서는 마약 중독자를 그저 범죄자로 보는 시각이 만연해 있다. 하지만 범죄 통계를 살펴보면 마약 중독자가 2차 범죄나 3차 범죄를 일으키는 경우는 생각보다 드물다. 왜냐하면 약물 사용 자체가 불법이고, 그것만으로도 처벌을 받는 대상이 되므로 밖에 드러나려 하지 않기 때문이다.

비교적 치료가 쉬운 초기 중독자에겐 치료의 기회가 중요하다. 하지만 숨어서 지내야 하기 때문에 중독이라는 질병을 키울 수밖에 없다. 우리나라는 마약 중독자들에 대한 낙인이 심하다. 마약이 악마인데, 마약 중독자를 악마화하고 있다.

마약 중독자는 악마가 아니다. 그들은 마약 중독이라는 질병에 걸린 환자다. 마약류 관리법의 틀 안에서는 범죄자로 취급되지만, 보건복지부의 관점에서 중독은 명백한 질병이다. 마약 중독도 질병이고, 알코올 중독도 질병이고, 도박 중독도 질병이다. 중독이라는 같은 질병 안에서 증상이 어떻게 나타나는지의 차이만 있을 뿐이다. 그런데 우리나라는 수십 년 동안 마약을 악마화해야 한다는 명목 아래, 결과적으로 마약 중독자 자체를 악마로 만들어버렸다.

＊

내 입장에서는 술도 마약이라고 볼 수 있다. 중독을 유발하기 때문이다. 술도 화학적으로 뇌에 영향을 미친다. 술을 마시면 세로토닌 같은 신경전달물질이 분비된다. 마약도 똑같다. 화학적으로 합성하거나 천연물질에서 추출한 것을 사용할 때 도파민이나 세로토닌이 분비되는 메커니즘은 본질적으로 다르지 않다. 그런데 우리 사회는 알코올 중독자에게는 상대적으로 관대하고, 마약 중독자에게는 훨씬 무겁게 반응한다. 둘 다 뇌에 작용하는 물질에 중독된 것인데, 그 대우는 완전히 다르다.

물론 마약 사용은 불법이니 그 책임을 지게 하는 것은 당연하다. 마약이 불법이라는 사회적 합의가 있기 때문이다. 유럽이나 미국에서는 대마가 합법이거나, 마약을 사용해도 처벌하지 않는 나라들이 많다. 중요한 건 그 사회가 어디까지 합의를 이루는가의 문제다. 우리 사회는 불법으로 합의했고, 그렇다면 그에 따른 처벌은 받아야 한다. 그 부분에는 동의한다.

하지만 처벌을 넘어서는 사회적 낙인은 다른 문제다. 실제로 마약 투약 혐의를 받던 한 유명 배우가 그 낙인을 견디지 못하고 극단적인 선택을 한 사건이 있었다. 그것은 마약이 아니라 우리 사회의 인식이 만들어 낸 결과다. 그런 비극이 반복되어도 우리 사회는 달라지지 않는다. 처벌을 받고 필요한 치료를 받으면 되는 일인데, 그 이상으로 끝없이 낙인을 찍는 것이 진짜 문제다. 마약 사용 이상의 혐오와 배제로 이어지는 순간, 사람을 죽이는 건 마약이 아니라 우리 사회가 된다.

✳

마약 중독자를 범죄자로만 보는 순간, 그는 치료 대상에서 제외된다. 교도소에 들어가도 적절한 치료를 받지 못한다. 오히려 교도소 안에서 마약을 하는 사람을 더 많이 만나며 마약 커뮤니티가 강화된다. 그리고 출소한 후에도 치료 지원을 받지 못하는 경우가 대부분이다. 범죄자로 낙인찍힌 채 사회로 나온 사람이 다시 마약으로 돌아가는 건 의지의 문제가 아니라 구조의 문제다. 우리가 그 구조를 바꾸지 않는 한, 같은 일은 계속 반복될 것이다.

우리나라 국민은 아프면 치료받을 권리가 있다. 그래서 건강보험이 있고, 누구나 그 혜택을 받을 수 있다. 그런데 마약 중독이라는 질병을 앓고 있는 사람은 그 병을 숨겨야 한다. 아픈데 아프다고 말하지 못하는 구조, 가족에게도 친구에게도 숨겨야 하는 구조가 중독자를 더 깊은 곳으로 밀어 넣는다.

만약 대중의 인식이 달라진다면 어떨까. 마약 중독자를 치료받아야 할 환자로 바라보는 시선이 생긴다면. 아프다고 말했을 때 비난 대신 치료로 이어지는 경로가 생긴다면. 처벌받을 것은 받되, 그 처벌이 끝나는 동시에 치료가 함께 이루어질 수 있다면. 그러면 숨어야 할 이유가 사라진다. 하지만 지금 현실은 그렇지 않다. 처벌 이후의 길이 막혀 있다.

국가는 처벌에 대한 의무는 다하고 있다. 하지만 그 다음 단계인 재활과 치료에 대해서는 거의 손을 놓고 있다. 처벌만 있고 치료는 없으니 마약 중독이 재발하고, 같은 사람이 2차, 3차 중독으로 이어지는 것이다. 이래서는 악순환의 고리가 끊어지지 않으며, 새로운 중독자를 예방할 수도 없다. 처벌만으로 막을 수 없다는 것을 숫자가 이미 말해주고 있는데, 접근 방식은 바뀌지 않는다. 그러니 마약 중독에서 벗어나지 못하고, 사회와 교도소를 반복하며 살아가는 회전문 현상이 발생하는 것이다. 치료와 재활이 마약 중독자들이 더는 교도소를 들락거리지 않게 하는 최선의 방법이다.

마약에 노출되는
사람들

과거의 나도 그랬지만, 많은 사람이 마약을 특정 계층만의 문제라고 생각한다. 연예인, 재벌 2세처럼 나와 다른 세상에 사는 사람들의 이야기라고 말이다. 하지만 시간이 지날수록 그것이 얼마나 순진한 생각이었는지 알게 되었다. 지금 대한민국을 솔직하게 표현하자면, 방파제 없이 쓰나미에 맞서는 마을과 비슷하다. 아무런 사회적 방어막 없이 마약에 그대로 노출되어 있다고 해도 과언이 아니다.

일상의 거리는 너무나 평화로워 보인다. 그래서 그 아래에 숨겨진 현실을 알아차리기 어렵다. 대한민국은 이제 마약 공화국이 되어가고 있다는 말을 들으면 가슴이 아프다. 마약은 더 이상 하고 싶어서 하는 것이 아니다. 피하기 힘든 유혹으로 우리 주변 곳곳에 이미 들어와 있다.

내 책상 위에는 20대, 30대 내담자들의 파일이 가득하다. 그들 중에는 연예인도 있고, 평범한 대학생도 있으며, 해외 유학생도 있다. 대기업 직원, 의사, 변호사… 직업도 다양하다. 이런 현실을 마주할 때마다 나는 깊은 좌절감을 느낀다. 우리 사회의 미래를 이끌어 갈 젊은이들이 이렇게 마약의 늪에 빠져들고 있는 것이다.

그나마 나를 찾아오는 사람들은 아직 회복의 의지가 있는 사람들이다. 마약을 하는 40~60대는 대부분 만성 중독자들이다. 그들은 오랫동안 교도소를 오가며 살아왔고, 대부분 죽음만이 그들을 마약에서 해방시킬 수 있다고 생각한다. 이들은 자신을 마약 중독자라고 생각하지 않고, 마약을 단순히 '있으면 하고 없으면 안 하는 것'이라고 여긴다.

＊

2023년 강남에서 일어난 마약 음료수 사건은 사회

를 큰 충격에 빠뜨렸다. 집중력 향상이라는 명목으로 필로폰을 ADHD 약으로 둔갑시켜 유통한 사건이었다. 나는 그 소식을 듣고 한동안 멍하니 앉아 있었다. 어떻게 이런 일이 일어날 수 있을까? 범죄자들은 "강남 대치동 학원가 사람들은 ADHD 약을 주면 먹을 것이다"라고 생각했을 것이다. 이런 판단의 배경에는 우리 사회의 지나친 경쟁 구조가 있다.

수년간 그곳에서 ADHD 약이 공부 잘하는 약으로 유통되어 왔고, 지금도 수요가 있을 것이라고 범죄자들은 확신했을 것이다. 실제로 2022년 언론 보도에 따르면, 강남 지역의 ADHD 약물 처방률이 전국 평균의 2~4배에 달하는 것으로 나타났다. 이런 범죄는 결과만 좋으면 과정은 상관없다는 잘못된 사고방식이 만들어 낸 비극이다.

이런 경쟁 중심의 사회가 마약 중독이 생기는 하나의 요인이 될 수 있다. 도태된 사람들이 나올 수밖에 없고, 그들에 대한 사회적 관심이 부재한 사회에서 마약은 가짜 행복을 주는 가장 손쉬운 도피처이기 때문이다. 결국 이는 건강한 네트워크를 망가뜨리며 더 많은 중독자를 양산하는 악순환을 만든다.

*

　만약 마약 중독자가 마약을 처음 사용했던 그 순간으로 돌아갈 수 있다면, 과연 다른 선택을 할 수 있을까? 나는 대부분이 결국 다시 마약을 선택할 것이라고 생각한다. 설령 그 순간에는 마약을 하지 않았다 하더라도, 언젠가는 결국 마약을 시도했을 것이다. 왜냐하면 그 사람의 삶의 태도나 사고방식이 언제든 마약을 해도 이상하지 않은 상태였을 가능성이 높기 때문이다.

　마약을 하는 사람들을 보면, 대부분 살아가는 방식과 태도가 비슷하다. 자극적인 것을 원하고, 편한 쪽을 택하고, 불편한 것은 회피한다. 책임보다 도피를 먼저 선택하는 삶의 패턴이 결국 마약으로 이어진다. 그러니 마약을 끊는다는 건 단순히 약을 멀리하는 게 아니다. 가치관, 삶의 방식, 인간관계, 성격, 그 모든 것을 바꾸는 과정이다. 새로운 사람이 되어가는 과정이 곧 회복이다.

　그래서 단약에는 오랜 시간이 걸릴 수밖에 없다. 수십 년 동안 굳어진 삶의 방식이 1~2년 만에 바뀌지 않는다. 평생 스스로를 관리하고 돌아봐야 한다. 문제를 숨기지 않고 드러내야 한다. 드러나야 직시할 수 있고, 직시해야 비로소 고칠 수 있다. 불편한 것을 꺼내놓는 것이 약해 보일 수 있지만, 사실 그게 가장 용기 있는 행동이다.

마약 문제를 해결하려고 파고 들어가면, 마약 뒤에 숨어 있던 진짜 문제들이 나오기 시작한다. 그 진짜 문제를 건드리지 않으면 결국 다시 마약을 하게 된다. 진짜 문제는 쾌락을 좇고, 즉흥적으로 행동하는 등 안일하게 살아온 오래된 습관이다. 이런 습관을 바꾸는 과정에는 엄청난 고통이 뒤따른다.

'나'라는 사람을 바꾸려고 치열하게 노력하지 않는다면 대부분 다시 돌아간다. 마약은 증상이고, 진짜 문제는 자신의 결점이다. 자신의 문제를 피하지 않고 마주할 때 진정한 회복이 이루어진다.

단약을 달성하기 위해
필요한 것들

마약을 끊기 위한 첫 번째 관문은 내가 중독 상태라는 것을 인식하는 것이다. 그런데 대부분의 마약 사용자들은 그 인식조차 하지 못한다. '나는 중독이 아닌데', '나는 괜찮은데'라고 생각하도록 마약이 뇌를 속이기 때문이다.

실제로 며칠씩 약에 손을 대지 않는 경우도 있다. 그래서 자신은 중독되지 않았다는 착각이 강화되기도 한다. 하지만 그건 본인의 의지 때문이 아닐 가능성이 높다. 그 며칠간 약을 구하지 못했거나 상황이 여의치 않았던 것뿐이다. 중독은 이미 깊이 들어와 있는데, 당사자는 그것을 모른다. 그러니 가장 어려우면서도 중요한 단약의 출발점은 자신이 중독 상태임을 인정하는 것이다.

인식 다음으로 중요한 것은 환경이다. 단약을 하겠다고 결심했다면, 바로 단약할 수 있는 환경을 먼저 만들어야 한다. 의지는 환경이 뒷받침되지 않으면 버티지 못한다. 그 첫 번째가 마약과 연결된 사람들과의 단절이다. 요즘은 휴대폰을 바꾼다고 해결되지 않는다. SNS도 다 끊어야 한다. 마약과 연결된 모든 창구를 철저하게 막는 것이 환경 세팅의 시작이다. 불편하고 외롭더라도, 그 단절이 없으면 나머지는 의미가 없다.

그리고 가족에게 알려야 한다. 마약 중독자는 고립될수록 중독에 더 깊이 빠진다고 했다. 그 고립에서 벗어나는 첫 번째 관계가 가족이다. 하지만 당사자들은 끝까지 가족에게 알리고 싶지 않아 한다. 그 마음을 모르는 게 아니다. 부끄럽고, 실망시키기 싫고, 말하는 순간 모든 게 무너지는 것 같으니까. 그래도 상담하러 오는 사람에게 나는 말한다. 가족에게 털어놓으라고. 이 사실을 숨긴다고 해결될 문제가 아니라고. 숨기는 동안에도 중독은 계속 진행되고 있으니까.

✳

　내 경험에 비춰보면, 일반적으로 단약의 골든 타임은 100일이다. 100명이 단약을 시작하면 100일 안에 절반이 포기한다. 1년을 기준으로 보자면, 100일에서 6개월 사이에 또 남은 인원의 절반이 포기한다. 즉 25명이 남는 것이다. 그리고 이 25명 중에서도 1년까지 가는 동안 또 절반이 포기한다. 결국 1년이 지나면 약 10%만이 단약을 유지하게 된다. 1년을 버티려고 지금도 많은 중독자들이 피나는 싸움을 하고 있다. 그 길을 먼저 걸어온 사람으로서 그들에게 경의를 표하고 싶다. 그들이 얼마나 힘든 싸움을 하고 있는지 나는 안다.

　앞서 100일을 기점으로 가장 많이 포기한다고 했는데, 100일을 넘어가면 다시 마약에 빠져들지 않고 버티는 힘이 생긴다. 단약 초기에 10 수준의 갈망을 느낀다면, 100일이 지난 후에는 6~7 정도로 낮아진다. 여기서 더 나아가 1년을 이겨내려면 체계적인 중독 공부가 도움이 된다. 그래서 센터에 입소해 있는 사람들에게 중독을 공부하라고 권한다.

의학적으로도 약 1년 6개월이 지나면 망가졌던 뇌가 거의 회복되었다고 판단한다. 일본 다르크는 이런 이유로 입소하면 1년 6개월을 머물러야 한다. 흥미로운 사실은 의학적 결과가 발표되기 전에 다르크가 임상적으로 이 기간을 이미 계산해 놓았다는 점이다. 즉 1년 6개월 안에 건강한 인적 네트워크를 구축하는 것이 핵심이다.

✳

한국 사회에는 마약 중독자들에 대한 법적 처우에 심각한 문제가 있다. 특히 우리 사회는 마약 중독을 범죄로 보는 경향이 강해, 중독자들을 환자보다는 범죄자로만 취급한다. 최근 통과된 법안들은 마약 경험자에게 음식 배달이나 택배 배달과 같은 기본적인 직업 활동까지 제한하고 있어 사회 재진입을 더욱 어렵게 한다. 마약 중독자나 마약을 경험한 사람들이 일을 할 수 없게 만드는 것은 일종의 이중 처벌이라고 생각한다. 이는 중독이라는 질병을 법적인 관점에서만 바라보는 태도다.

한국의 법 체계에서는 마약류 중독자를 정신건강복

지법상 정신장애인과 유사하게 분류하는 문제도 있다. 이러한 법적 분류는 모든 마약 사용자가 심각한 정신장애를 앓고 있다는 잘못된 전제에 기반하고 있다. 하지만 마약을 한두 번 했다고 해서 모두 정신장애인으로 분류되는 것은 아니다. 알코올 중독과 달리 마약류 중독은 최근 몇 번만 해도 급성 중독이 되어 오랜 기간 중독된 사람이 아닌 경우도 많다. 그렇기에 마약 중독자를 모두 심각한 정신장애를 앓고 있다고 보는 것은 맞지 않다.

이러한 법적 분류는 재활시설 운영에도 장애가 된다. 마약류 중독자 재활시설을 운영하기 위해서는 정신건강복지법상 여러 요건을 충족해야 한다. 예를 들어 정신건강사회복지사 고용 의무와 같은 조항이 있다. 그러나 이러한 요건들이 실제 마약 중독자의 특성과 맞지 않을 수 있으며, 재활시설 설립과 운영을 더욱 어렵게 한다.

또한 한국에서는 학교 근처 200m 이내에 중독자 재활시설을 설치할 수 없도록 하는 법안이 통과되었다. 이는 마약 중독 재활시설을 유해시설로 간주하는 인식을 반영한다. 최근 일본을 방문했을 때 이와 관련해 충격적인 경험을 했다. 일본에서는 큰 유치원 바로 옆에 재활치료센터가 있는 것을 보았다. 유치원 아이들이 뛰어 노는 바로 뒤에 센터가 있는데도 아무런 문제가 없었다.

마약 중독자들에 대한 이러한 법적·제도적 차별은 단순히 불공정한 것을 넘어 실질적인 인권 침해 문제로 볼 수 있다. 질병을 앓고 있는 환자에게 필요한 것은 사회적 낙인과 배제가 아닌, 치료와 재활 그리고 사회 재통합을 위한 지원이다. 나는 이 문제의 심각성을 인식하고 헌법소원을 준비하고 있다.

＊

내가 일본 다르크에서 얻은 핵심적인 교훈은 연속성과 지속가능성의 가치다. 일본 다르크는 1985년 설립 이후 40년 가까이 운영되면서 전국에 약 100여 개의 센터로 확장했다. 이러한 성장과 지속가능성의 비결은 회복자 중심의 운영 철학과 체계적인 지원 시스템에 있다.

일본 다르크의 가장 큰 강점은 다르크에서 회복한 중독자가 새로운 다르크를 설립하는 '확산' 모델이다. 일본이 100개의 센터를 운영할 수 있게 된 비결은 다르크에서 회복하고 준비된 사람이 다시 밖으로 나가 새로운 센터를 설립하는 방식으로 확장해 나갔기 때문이다. 이들이 많은 센터를 만들 수 있었던 이유 중 하나는 관련 법규를 최소한으로 적용한 결과다. 마약 중독자들 대부분은 정신건강복지법상 정신장애인에 들어가지 않는다.

일본 다르크의 리더십 승계 시스템 또한 큰 장점이다. 최근 일본의 나고야 다르크를 견학하고 그곳의 센터장을 만났는데, 내가 돌아온 지 한 달 만에 그 센터장이 세상을 떠났다. 그곳에는 6~7년 경력의 스태프들이 3명 정도 있었는데, 센터장이 떠난 후에도 그 밑에서 회복하던 사람들이 센터를 계속 운영하고 있었다. 이는 서울 다르크와 경기 다르크가 센터장 사망 후 폐쇄된 한국의 경험과 대조적이다.

일본 다르크의 또 다른 강점은 다양한 재정 지원 시스템이다. 일본에서는 지역사회와 종교 단체에서도 다르크를 후원한다. 그리고 이러한 지원이 부족한 곳은 정부에서 보조한다. 이렇게 다원화된 재정 지원 구조는 다르크가 단일 재원에 의존하지 않고 안정적으로 운영될 수 있는 토대가 된다.

✳

이러한 경험과 교훈을 바탕으로, 나는 한국 실정에 맞는 한국형 다르크 모델을 구상하고 있다. 그동안의 경험과 실패를 거울삼아 새로운 접근법을 찾았다. 서울 다르크와 경기도 다르크가 문을 닫는 과정을 지켜보면서 앞으로 어떻게 운영해야 할지, 어떤 방향으로 나아가야 할지 깊이 생각했다.

내가 구상하는 한국형 다르크의 첫 번째 특징은 제도권 안으로 들어가는 것이다. 과거 한국 다르크들이 제도권 밖에서 운영되다가 재정적·법적으로 어려워져 무너지는 것을 지켜보았기에, 제도권 안으로 들어가는 것이 중요하다고 판단했다. 처음부터 다시 시작하자는 마음으로 사단법인 형태로 공식 등록하고, 관련 기관과 협력하는 방식을 택했다. 그동안은 혼자 운영하던 기관이었지만, 이제는 관련 분야 전문가들과 함께 공개적으로 만들어 가기로 했다. 1년여 동안 준비한 결과, 2025년 1월에 설립 허가를 받았고, 같은 해 5월에 남자, 여자 시설을 정식 오픈했다.

두 번째는 통합적인 서비스 구조로, 공동가정생활시

설과 주간재활센터를 함께 운영하는 형태다. 이용자들은 공동가정생활시설에서 잠을 자고, 아침에 일어나면 주간 재활센터로 출근한다. 그곳에서 아침부터 프로그램에 참여하고, 미팅하고, 함께 점심을 먹고, 저녁까지 있다가 모임에 참석한 후 다시 돌아오는 방식이다. 인천을 기준으로 하면, 6인용 공동가정생활시설 세 곳과 주간재활센터 하나를 한 법인이 운영하는 구조다. 생활과 재활이 분리되지 않고 하나의 흐름으로 이어지게 하기 위해서다.

세 번째는 협력 네트워크 구축이다. 한국형 다르크는 단독으로 운영되는 것이 아니라 마약 중독 전문병원, 마약 퇴치운동본부, 심리 상담소, 보건소, 중독통합관리센터 등 지역사회 기관 등과 긴밀한 협력 관계를 맺는다. 권역별로 하나씩 센터를 설립해 네트워크를 구축하면 효과적일 것이다. 이런 시설이 갖춰지면 단약에 성공한 사람들을 위한 직업 지원도 가능해진다.

네 번째는 회복자와 전문가가 함께하는 하이브리드 모델이다. 일본 다르크는 주로 회복자들만으로 운영된다. 한국형은 다르게 가고 싶다. 나처럼 중독에서 회복한 사람이 현장에서 직접 부딪히며 함께 변화하고, 행정적인 부분은 훈련받은 사회복지사가 맡는 구조다. 회복자의 경험과 전문가의 지식이 한 팀을 이루는 것. 둘 중 하나만으로는 부족하다는 걸 현장에서 배웠다.

다섯 번째는 단계적 확산 전략이다. 나는 인천에서 성공적인 모델을 구축한 후, 이 모델을 다른 지역으로 확산시키는 전략을 계획하고 있다. 내가 지역사회에서 준비해 제도권 안으로 들어간 후 3년이든 4년이든 5년이든 잘 운영된다면, 이 모델을 그대로 서울이나 부산으로 가져갈 수 있을 것이다.

마지막으로, 한국형 다르크는 인식을 바꾸는 것을 중요한 미션으로 삼고 있다. 마약 중독자를 괴물이나 흉악범으로 보는 시선을, 질병을 가진 회복 가능한 환자로 바꾸는 것이다. 그게 치료나 재활 못지않게 중요한 일이라고 생각한다. 낙인이 있는 한, 아프다고 손을 내밀기가 어렵다. 손을 내밀 수 없으면 회복도 불가능하다.

이 모델이 성공적으로 정착한다면, 마약 중독으로 고통받는 많은 이에게 희망의 등불이 될 것이다. 권역별로 한국형 다르크가 세워지고 서로 연결되는 날을 꿈꾸고 있으며, 그것이 가능하다고 믿고 있다.

회복하고 싶은 사람들에게
꼭 전하고 싶은 말

센터에 처음 오는 사람들에게 나는 언제나 같은 말을 먼저 건넨다. "잘 오셨어요." 그리고 잠깐 사이를 두고 이어서 말한다. "얼마나 힘들었을까요. 당신의 단약 여정을 끝까지 함께하겠습니다." 단순하고 짧은 말이다. 그런데 이 말을 처음 들은 사람들의 표정이 어떻게 바뀌는지 나는 알고 있다. 눈동자가 흔들리고, 입을 떼었다 붙이고, 어떤 사람은 그 자리에서 울기도 한다. 대단한 말을 한 것도 아닌데. 그냥 잘 왔다고, 함께하겠다고 했을 뿐인데.

내가 그 말이 어떻게 닿는지 아는 건, 내가 그 말을 처음 들었을 때를 기억하기 때문이다. 그 말 한마디에 얼마나 허물어지는 기분이었는지. 오래 버텨온 무언가가 그 말 한마디에 풀려버리는 느낌이었다. 단단하게 쥐고 있던 것을 내려놓아도 된다는 허락 같은 것. 그것이 얼마나 큰지, 직접 경험한 사람만 안다.

그래서 나는 서두르지 않고 충분히 듣는다. 그들이 하고 싶은 말을 다 할 때까지 기다린다. 이것이 중요하다는 것을 경험으로 안다. 오랫동안 마약을 했던 나는 사회적으로 낙인이 찍혀 있었다. 철저하게 고립되어 이야기할 사람도 없었고, 이야기를 해도 제대로 들어주는 사람이 없었다. 무슨 말을 해도 같은 대답으로 돌아왔다. "너는 약을 해서 그래", "너는 약쟁이가 되어서 그래." 내가 하는 말은 들리지 않았다. 내 말이 닿기도 전에, 약쟁이라는 필터가 먼저 작동했다. 그 필터를 통과한 말은 늘 같은 모양이 되었다.

마약을 한 사람이라는 색안경을 끼고 바라보면, 어떤 일을 잘하든 잘못하든 모두 "약 때문"이라는 대답만 듣게 된다. 그래서 내가 만나는 그들의 말을 충분히 들어주고, 공감하고, 있는 그대로 받아들인다. 옳고 그름의 문제를 떠나 일단 그들의 이야기를 모두 듣고 응원하는 것이다.

다른 이들의 회복을 돕는 과정에서 내가 크게 느끼는 것은 '회복할 수 있다는 믿음'의 중요성이다. 누구든 회복할 수 있다는 믿음, 바로 그 믿음을 전하는 것이 내 역할이다. 과거의 나에게도 "진묵아, 너도 회복할 수 있어. 두 번째 삶을 살 수 있고, 함께 나아갈 수 있어"라고 말해주고 싶다.

마약 중독자들은 인간관계에서 배척당하고 소외되면서 정상적인 사회에서는 거부당하고, 오직 마약 커뮤니티라는 비정상적인 환경 안에서만 살게 된다. 그렇기에 사람을 믿지 못하게 된다. 센터에 와서 치료를 받더라도 스스로를 용서하고 믿는 데 오랜 시간이 걸린다. 그래서 나는 그들이 나를 믿을 수 있도록 끊임없이 노력한다. 믿음이 생겨야 비로소 그것을 기반으로 성장이 시작될 수 있기 때문이다.

※

가족은 전통적으로 혈연으로 이루어진다. 그러나 지금 내 센터에서 함께 생활하며 마약 치료를 받는 이들과

나 사이에는 진정한 가족 같은 유대감이 형성된다. 센터에서 한 사람을 받아들일 때 이 과정을 '재양육'이라고 생각한다. 물론 말은 잘 듣지 않고 이미 성인이 된 이들을 양육하는 것이지만, 본질적으로는 같다. 한 사람이 단약에 성공해 센터를 떠나면, 하나님께서 다시 새로운 사람을 보내주신다.

최근 법인을 설립하면서, 공직에서 30년 정도 일하다가 봉사 차원에서 나를 돕겠다고 오신 노건호 사무국장님께서 내게 해준 말이 인상적이었다. 내가 일하는 모습을 보면, 단순히 '일하는 사람'이 아니라 '하나의 삶을 만들어가는 사람'으로 보인다는 것이다. 센터가 마치 내 집처럼 느껴지고, 내가 하는 일이 가족을 돌보는 것처럼 보인다고 했다. 나는 단약에 성공해 센터를 떠난 이들에게도 언제든 돌아올 수 있다고 말한다. 그들에게 돌아올 둥지를 만들어주고 싶다.

나는 센터에서 단순히 단약만을 목표로 삼지 않는다. 그것은 너무 단기적인 시각이다. 대신 그들의 미래를 함께 고민한다. 내가 여기에 앉아 그들의 미래를 위해 함께 준비하고 계획하는 과정이 우리 모두에게 큰 원동력이 된다.

단약은 기본적인 것일 뿐, 궁극적인 목표일 수는 없다. 약을 끊은 이후에 어떤 삶을 살아갈 수 있을지를 함께 고민하고 논의하며 하나씩 만들어 가는 과정이 필요하다.

나에게 가족이란 혈연이 아니라 마음가짐으로 정의되는 것 같다. 누군가의 미래를 진심으로 신경 쓰고, 그 사람이 회복할 수 있다는 믿음을 놓지 않고, 서로 사랑을 느낄 수 있다면, 피가 섞이지 않아도 그게 가족이다. 오래 알지 않아도 된다. 그 마음이 있으면 된다. 그 마음으로 나는 오늘도 센터에서 새로운 가족들을 맞이하고, 그들의 회복과 미래를 함께 고민한다.

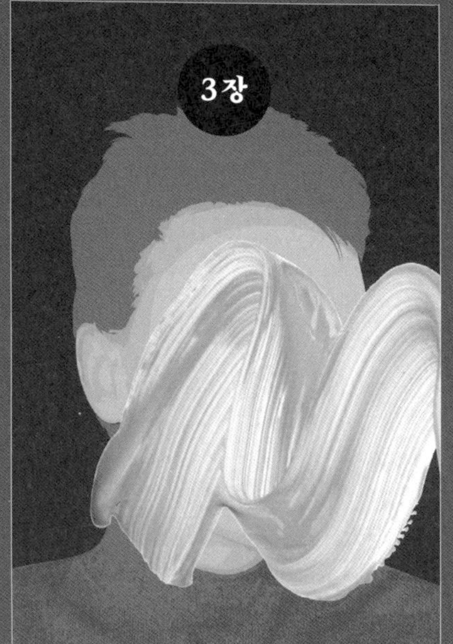

3장

단약을
꿈꾸는

우리의
이야기

마약 중독자의
아내로 산다는 것

나는 다르크(DARC) 공동체 센터장의 아내다. 현재 작은 가게를 운영하고 있다. 남편은 마약 중독자들의 재활을 돕는 작은 공동체 '다르크'를 운영하며 중독에서 회복 중인 이들과 함께 지내고 있다.

20대 초반에 처음 만난 그에게는 약쟁이라는 소문이 돌았다. 그게 얼마나 무거운 말인지, 그때는 미처 몰랐다. 약을 하는 건 그냥 선택의 문제라고 정말 단순하게 생각했다. 약이 사람을 어떻게 바꿔놓는지, 한번 빠지면 혼자 힘으로 빠져나오기 얼마나 어려운지, 그런 건 전혀 몰랐고 아무도 가르쳐 주지 않았다.

우연히 다시 만나고 연애를 시작했다. 그는 다정하고, 웃음이 많고, 곁에 있으면 편안했다. 그래서 더 혼란스러웠다. 약을 하면 그는 완전히 다른 사람이 되었다. 내가 알던 사람이 아니었다. 눈빛도, 말투도, 손도 달라졌다. 악마가 따로 없다는 생각이 들 때도 있었다. 이 사람과 있으면 죽을 수도 있겠다는 생각이 진짜로 들었다.

✳

가장 슬펐던 순간이 있다. 그가 약에 취한 상태로 부모님을 만났을 때였다. 나는 외동딸이어서 부모님의 승낙이 무엇보다 중요했다. 그 자리를 얼마나 오래 기다렸는지 모른다. 그런데 하필 그날이었다. 부모님 앞에 선 그의 눈은 풀려 있었고, 말투 역시 어눌했다. 나는 옆에서 아무것도 할 수 없었다. 부모님이 그를 바라보던 표정을 나는 아직도 잊지 못한다. 실망인지 두려움인지 분노인지, 그 모든 것이 섞인 얼굴이었다.

평범한 사람들이 마약 중독자를 바라보는 시선은 최악의 범죄자를 보는 것과 다르지 않다. 연세 있으신 부모님은 더욱 그러셨을 거다. 외동딸이 마약 중독자와 만나고 있다는 사실이 얼마나 받아들이기 어려우셨을지, 그 마음을 온전히 이해하게 된 건 시간이 한참 흐른 뒤였다. 그때는 왜 그 사람을 있는 그대로 봐주지 않는지 그저 원망스럽기도 했다. 사실 부모님 입장에서는 당연했다. 딸이 위험한 사람 옆에 있는 게 두려웠을 것이다.

그 이후로도 그와의 관계를 제대로 말하지 못했다. 거짓말이라기보다는 숨긴 것이었다. 한 달에 스무 날은 그와 함께 있다가, 일주일쯤은 엄마네 집에 가 있는 패턴으로 살았다. 그렇게 오랫동안 이중생활을 하면서 어느 쪽에도 온전히 있지 못하는 시간을 보냈다. 그러는 동안 계속 같은 생각을 했다. 내가 곁에 없으면 이 사람이 약을 하다 죽을 것 같다고. 그 생각이 나를 붙잡았다. 무서웠지만, 그래서 더 놓을 수 없었다. 그가 어딘가에 자리를 잡고, 무언가를 하고 있어야 부모님께 떳떳하게 데려갈 수 있다고 생각했고, 그날이 오기를 오래 기다렸다.

헤어졌던 그와 다시 만나고 있다고 부모님께 말했을 때, 엄마는 그를 다시 보느니 죽겠다고 했다. 그 말이 얼마나 아팠는지 모른다. 방 안이 조용해졌다. 한동안 아무 말도 할 수 없었다. 그런데 한참 후에 엄마가 조용히 물었다. "너, 그 아이가 아니면 안 되겠니?" 나는 잠깐 생각했고, 대답했다. "안 될 것 같아." 우리가 함께 버텨온 시간이 있었고, 내가 없으면 그가 살아남지 못할 것 같았다. 그 사람 없이 내가 괜찮을 수 있을지도 몰랐다.

결국 부모님은 결혼을 허락해 주셨다. 그 순간을 지금도 기억한다. 안도와 감사와 미안함이 한꺼번에 밀려왔다. 그 사람과 결혼에 이르기까지 얼마나 많은 일이 있었는지, 그 무게를 부모님은 다 알았을 것이다. 그럼에도 허락한 것이다.

지금 부모님은 남편을 나보다 더 아끼신다. 너무 든든한 사위를 얻었다고 하신다. 그 말을 들을 때마다 묘한 기분이 든다. 그 무섭고 외롭고 불안했던 날들이 결국 여기로 흘러왔다는 것, 헛되지 않았다는 것을 느끼는 순간이다.

＊

그와 함께 살면서 정말 무서운 순간도 많았다. 그가 약에 취하면 모든 것이 달라졌다. 나를 때리지는 않았지만, 밤새 잠을 재우지 않거나 24시간 내내 나의 휴대폰을 확인하며 의심했다. 약을 한 사람들에게 가장 많이 나타나는 증상이 바로 '의심'이다. 약에 취한 그와 한 집에 들어가기 전, '살아서 나오게 해주세요'라고 기도할 정도였다.

그는 약에 취한 상태에서 나에게 나가라고 소리치며 내 짐을 복도로 전부 내던진 적도 있었다. 그 길로 대충 짐을 싸서 집으로 돌아갔다. 그러다 그는 구치소에 수감되었고, 6개월 만에 나왔다. 내가 면회를 갔을 때 그는 눈물만 흘렸다. 출소 후 그는 약을 한 달 동안은 하지 않았지만, 결국 다시 시작했다.

그의 인생에서 가장 어두웠던 날이 역설적으로 전환점이 되었다. 그가 마지막으로 약을 했던 날, 쏟아지는 빗소리가 창문을 두드렸다. 나는 아무 말도 하지 않고 그를 바라보고 있었다. 이미 말로 할 수 있는 건 다 해봤으니까, 그저 바라보기만 했다. 그 눈빛에 담긴 감정이 실망이었는지, 한심함이었는지, 아니면 그냥 지쳐서 공허했는지 나도 잘 모르겠다. 그런데 그가 나중에 말했다. 그 눈빛에서 뭔가를 보았다고. 이렇게 계속하다간 곁에 아무도 남지 않겠다는 깨달음이 그 순간 왔다고. 말로는 표현할 수 없는 무언가가 담긴 눈빛이었다고. 그 눈빛 하나가 그를 흔들었다고 했다.

다음 날 아침, 그가 병원에 가겠다고 말했다. 마약 중독 전문 치료기관인 참사랑병원이었다. 그 말을 듣자마자 나는 바로 움직였다. 드디어 시작이라고 생각했건만, 2박 3일 만에 나오게 되었다. 공용 화장실을 도저히 사용할 수 없을 정도로 시설이 열악했다. 또 무너지는 건가 싶어 허탈했다. 그런데 그가 말했다. 잘 해볼 테니 자기를 믿어달라고. 그러고선 매주 월요일 진료 시간에 빠지지 않고 검사를 받겠다고 주치의와 약속했다.

우리는 2년 동안 월요일마다 병원을 찾았다. 처음엔 하루도 빠지지 않고 매일 갔다. 그러다 진료가 점차 일주일에 한 번으로 바뀌었다. 비가 와도, 몸이 안 좋아도, 다른 일이 있어도 월요일 진료 시간만큼은 철저히 지켰다. 진료 약속을 지키는 날이 쌓이면서 뭔가가 달라졌다. 사소한 것이었지만, 일단 눈빛이 맑아졌다. 아침에 일어나는 시간이 일정해졌고, 대화도 조금씩 늘어났다.

어느 날 주치의가 공부해 볼 생각이 없냐고 물었다. 그렇게 그는 사회복지 공부를 시작했다. 시간은 뭘 해도 어차피 흘러갈 텐데, 그 시간을 의미 있게 쓰자고 생각한 것 같다. 처음엔 그냥 무엇이든 붙잡아 보려는 시도였다. 그런데 공부를 하면서 그가 달라졌다. 해야 할 일이 생기니 하루 일과가 달라졌고, 기다려지는 것이 생기니 다음 날도 기대되었다. 그 변화를 곁에서 지켜보면서 나도 처음으로 믿게 되었다. 이번엔 진짜일 수도 있겠다고.

✳

그 시절 우리 형편은 정말 어려웠다. 기초생활 수급자 신분으로 한 달에 40만 원으로 살았다. 커피 한 잔을 사서 둘이 나눠 마셨다. 아이스크림은 쌍쌍바 하나를 사서 반으로 나눠 먹었다. 그런 형편에도 불평하지 않았다. 그 나날이 오히려 행복한 시간이었다. 적어도 그가 약을 하지 않았으니까. 경제적인 어려움은 약물에서 벗어나지 못하는 것에 비하면 아무것도 아니다. 진짜 가난은 돈이 없는 게 아니라, 내 옆에 있는 사람이 오늘 무사한지 알 수 없는 것이었다.

그러던 중 주치의가 12단계 치료 공동체를 소개해

주었다. 알코올 중독자들이 많이 모이는 공동체로, 부평에
있었다. 그는 처음엔 낯설어했다. 그런데 모임에 꾸준히
나갔고, 그곳에서 회복에 대해 배우기 시작했다. 그의 눈
빛이 조금씩 달라졌다. 무언가를 찾아가는 사람의 눈빛이
었다. 그의 열정이 눈에 띄었는지 한국마약퇴치운동본부
센터장님이 그를 발견하고 일할 기회를 주었다. 그렇게 그
는 보조 상담사로 일하기 시작했다. 처음으로 사회 안에서
자기 자리를 갖게 된 것이었다.

＊

　　회복 초기에 나의 역할은 그의 그림자가 되는 것이
었다. 24시간을 함께 보냈다. 나의 개인 생활은 없고, 오직
그의 회복을 곁에서 돕는 존재로만 살았다. 그가 화장실에
갈 때도 같이 갔고, 대학 수업도 함께 들었다. 그가 4년제
대학을 선택하자 나도 대학 4년을 함께 시작했다. 편입이
가능했지만 그러지 않았다. 내가 옆에 없으면 그가 다시
약을 할지도 모른다는 두려움이 컸기 때문이다. 그를 잃고
싶지 않은 마음이 나를 움직이게 했다.

사람들은 종종 어떻게 그런 희생을 할 수 있냐고 물었다. 그 질문을 받을 때마다 이렇게 대답했다. 희생이라고 생각한 적이 없다고. 그가 약을 하지 않는 모습을 보는 것, 그가 조금씩 달라지는 모습을 곁에서 지켜보는 것이 나에게는 아주 큰 기쁨이었다. 약을 할 때만 악마처럼 변할 뿐, 본질적으로는 정말 좋은 사람이라는 걸 나는 누구보다 잘 알고 있었다. 그렇기에 그 사람 옆에 있을 수 있었다.

회복 과정에서 가장 힘이 되었던 것은 그가 치료를 받으며 달라지는 모습을 직접 보는 것이었다. 아주 조금씩 눈빛이 맑아지고, 목소리가 차분해졌다. 어느 날 아침에는 스스로 일어났다. 그 작은 변화들이 이 사람도 할 수 있다는 증거였다. 내가 그의 변화에 함께했다는 것이 행복했다.

사실 내가 그를 도왔다기보다, 그와 함께하는 과정에서 나도 많이 성장했다. 인내, 깊은 사랑, 무조건적 지지란 무엇인지 배웠다. 사람이 얼마나 변할 수 있는지, 어두운 터널의 끝에도 빛이 있다는 것을 몸소 체험했다. 함께 울고, 웃으며, 성장한 시간이었다.

*

그가 마약을 끊은 지 10여 년이 지난 후, 우리는 마약 중독자 재활을 위한 '다르크' 공동체를 시작했다. 한국에는 이런 공동체가 거의 없었기에 더욱 의미 있는 일이었다. 나는 늘 그에게 말했다. 돈 열심히 벌어서 땅을 사고 집도 짓자고. 1층은 프로그램실, 2층은 침실, 3층은 우리 살림집으로 만들자고. 그 꿈이 현실이 되어가고 있다.

우리에게 자녀는 없지만, 다르크에서 회복 중인 아이들이 우리의 자녀가 되었다. 갈 곳 없고 외로운 아이들, 약으로 상처받은 아이들에게 안전한 피난처를 제공하는 것이 우리의 사명이 되었다. 아이들이 언제든 들어와 쉬고, 약을 향한 갈망이 생길 때면 찾아올 수 있는 공간을 만들고 싶었고, 지금 그것을 실현해 가고 있다.

회복의 여정은 결코 쉽지 않았다. 수많은 고비와 좌절, 눈물과 한숨이 있었다. 하지만 그 모든 순간을 함께 견뎌냈기에 지금의 우리가 있다. 서로 의지하고, 믿고, 때로는 서로 단단히 붙잡았기에 이 어두운 터널을 통과할 수 있었다. 이제 그는 다른 마약 중독자들의 회복을 돕는 센터장이 되었고, 나는 작은 가게를 운영하며 그의 일을 지원한다. 과거에는 상상할 수 없었던 삶이지만, 지금은 이보다 더 행복하고 의미 있는 삶을 상상할 수 없다. 우리의 상처가 다른 이들을 치유하는 도구가 되었고, 우리의 어둠이 다른 이들에게 빛이 되었다.

마약 중독에서의 회복은 단순히 약물을 끊는 데서 끝나지 않는다. 그것은 완전히 새로운, 더 의미 있고 풍요로운 삶을 발견하는 여정이다. 그리고 그 여정은 혼자서는 걸을 수 없다. 우리의 이야기가 지금 어둠 속에서 싸우고 있는 누군가에게 작은 희망이 되기를 진심으로 바란다.

어둠 속에서
빛을 찾다

나는 인천 다르크 공동체에서 3년 넘게 생활하고 있다. 보통 6개월에서 1년이면 퇴소하는 경우가 많기에, 이곳에선 꽤 오래 머문 편에 속한다. 내 마약 중독의 서막은 도박이었다. 8년간 도박 중독으로 고통받다가 금전 문제로 유흥업소에서 일하게 되었다. 그곳에서 만난 선배의 권유로 시작된 대마초가 결국 필로폰으로까지 이어졌다.

처음 마약을 했을 때 느꼈던 감각은 지금도 생생하다. 몸에 약 기운이 도는 순간 일상의 모든 스트레스와 부정적인 감정들이 씻은 듯 사라졌고, 난생처음 느끼는 강렬한 쾌감과 고양감과 평화가 찾아왔다. 단 한 번으로 바로 중독이 되진 않았지만, 그런 환경에 계속 노출되다 보니 천천히 중독되어 갔다.

＊

당시 유흥업소는 주변에 마약을 하는 이들이 몇 명 있어 마약을 접하기 쉬운 환경이었다. 처음엔 지인들이 주는 마약을 하며 자연스럽게 '떨(대마초)', '아이스(필로폰)' 같은 은어와 정보를 배우게 되었다. 그 정보를 바탕으로 인터넷에 검색해 보니 거래처를 쉽게 알 수 있었다.

처음엔 함께 마약을 하던 형이 5만 원, 10만 원 정도에 구해주었지만, 은어를 알고 나니 구글, 텔레그램, 트위터 등에서 검색해 직접 구할 수 있게 되었다. 나 역시 단약한 지 3년이 되었지만, 그때도 마음만 먹으면 30분 내에 마약을 구할 수 있을 만큼 접근성이 좋았다.

마약을 시작한 첫 1년은 솔직히 정말 행복했다. 약을 하면 세상이 다르게 보였고, 내가 다른 사람이 된 것만 같았다. 그 감각이 진짜라고 믿었다. 아무도 이게 거짓이라고 말해주지 않았고, 몸에서 아무런 거부 신호도 보내지 않았기에 멈출 이유가 없었다.

✳

그렇게 1년쯤 지났을 때 첫 번째 위기가 예고 없이 찾아왔다. 약을 알려준 형이 검거되면서 나 역시 경찰 조사를 받게 된 것이다. 실감이 나지 않아 조사실에 앉아 있으면서도 현실처럼 느껴지지 않았다. 심지어 재판을 앞두고 있으면서도 약을 멈추지 못했다.

부산경찰청에서 두 번째 연락이 왔을 때야 비로소 '이제 내 인생은 진짜 끝났구나'라는 생각에 두려움을 느꼈다. 전화를 받은 순간 다리에 힘이 풀리고 심장이 빨리 뛰었다. 처음 잡혔을 때는 어물쩍 넘겼는데, 다시 적발되니 현실이 보였다.

그때 처음으로 부모님께 도움을 청했다. 부모님이 어떤 표정을 지었는지 아직도 기억난다. 놀라움과 충격이 고스란히 드러났다. 어쩌면 이미 어느 정도 알고 있는 것 같기도 했다. 부모님은 나를 도우려 했지만, 나는 여전히 끊지 못했다. 소환장을 무시하면서까지 경찰을 피해 도망 다

넜다. 그때의 나는 그게 최선이라고 생각했다.

그러다 어느 순간 정신병원에 입원해야겠다고 결심했다. 그 결심이 서고 나서 실제로 입원하기까지의 시간이 가장 힘들었다. 수사기관에 쫓기고 있다는 사실, 내가 약을 끊지 못하고 있다는 사실, 앞으로 받게 될 처벌에 대한 두려움이 동시에 나를 짓눌렀다. 이런 심정으로 입원 2~3일 전부터는 오히려 마약에 더 매달렸다. 그때 처음으로 삶을 끝내고 싶다는 생각이 들었다. 그만큼 코너에 몰려 있었던 것이다.

정신병원 입원은 한 번으로 끝나지 않았다. 한 달 입원하고 나왔다가 조사를 받고, 다시 마약을 하고, 다시 입원하는 패턴이 반복되며 총 여섯 번을 입원했다. 병원에 있으면서 몸이 해독된 상태에서 다시 약을 하면 쾌감이 더 강렬하게 다가왔다. 약을 끊으러 병원에 갔는데 더 강렬하게 약으로 돌아오는 아이러니한 악순환이 반복되었다.

비극은 세 번째 퇴원 이후 정점에 달했다. 더 강한 자극을 원하며 필로폰과 LSD를 섞어 투약한 후 나는 환각과 망상 속에서 기억을 잃었다. 눈을 떴을 때는 모텔 가운 차림에 손목에 수갑이 채워진 채로 경찰서 의자에 앉아 있었다. 함께 있던 여성을 때려서 신고당했다고 했다. 아무런 기억이 없었다. 경찰서에서도 약 기운이 빠지지 않아 저항했더니 포승줄까지 채워졌다.

부모님이 경찰서까지 달려오셨다. 그런 부모님을 알아보지 못하고 침을 뱉었다. 지금 이 대목을 쓰기가 가장 힘들다. 내가 저지른 일이라고 믿고 싶지 않은 부끄럽고 고통스러운 기억이다.

마지막 입원 중에도 병원 안에서 약을 사용하다가 쫓겨날 위기에 처했다. 이전에는 경기도 다르크에 두 번 입소했다가 쫓겨난 상태였다. 너무 죄송해서 부모님 얼굴을 볼 수가 없었고, 집으로 돌아갈 수 없었다. 갈 곳이 없었다. 그때 병원에서 근무하던 센터장님과의 인연으로 인천 다르크에 들어갈 수 있었다.

＊

지난 3년 동안 단약을 유지할 수 있었던 것은 여러 가지 변화 덕분이었다. 가장 먼저 서울에서 인천으로 환경을 바꾸었다. 단순한 이사가 아니었다. 서울에는 마약을 했던 기억이 거리마다 배어 있었다. 저 골목을 돌면 누구를 만났고, 저 건물 앞에서 무엇을 기다렸는지 그 기억들이 몸에 새겨져 있었다. 거리 하나, 간판 하나가 갈망을 불러일으켰다. 그 도시에 있는 한 버티기가 너무 어려웠다. 하지만 인천에는 아는 사람도, 아는 곳도 없었다. 처음에는 이 지역이 너무 낯설어서 외로웠지만, 시간이 지나면서 그것이 오히려 방패가 되었다. 마약을 하려는 트리거가 없었다.

마약을 함께 했던 사람들과는 모두 연락을 끊었다. 센터에서 휴대폰도 압수했다. 처음엔 휴대폰이 없으니 세상과 단절된 것 같아 외롭고 답답했다. 그런데 그 덕분에 나를 지킬 수 있었다. 연락할 곳이 없으니 돌아갈 수도 없었다. 마약을 구했던 거리, 사용했던 장소, 그 시절을 떠올리게 하는 음악이나 물건도 하나씩 정리했다. 작은 것 하나도 놓치지 않았다. 그 시절의 흔적이 남아 있으면 언제든 다시 끌려갈 수 있다는 걸 알았기 때문이다.

인천 다르크는 24시간 보호되는 환경이었다. 혼자가 아니었고, 같은 고통을 겪어본 사람들이 함께 있었다. 설명하지 않아도 알아주고 이해받는다는 것이 얼마나 큰 힘이 되는지 그 공간에서 처음으로 경험했다.

두 번째 변화는 생각의 전환이었다. '한 번 약쟁이는 영원한 약쟁이'라는 말이 있다. 그 말을 수없이 들었지만 믿고 싶지 않았다. 약이 끊어질 때까지 도전하자고 마음먹었다. 물론 여러 번 재발했지만, 그럴 때마다 끝이라고 생각하지 않으려고 노력했다. 그 대신 물었다. 왜 또 시작했는가. 어떤 순간에 충동이 왔는가. 어떤 감정이 나를 그쪽으로 밀었는가. 재발을 포기의 증거가 아니라 배움의 기회로 삼으려 했다. 쉽지 않았지만, 그래도 그 질문을 멈추지 않았다.

작은 것들에서 기쁨을 찾는 연습도 했다. 마약이 주던 극단적인 감각과는 비교가 되지 않기에 일상의 소소한 기쁨은 기쁨이라고 느끼지 못했다. 하늘이 맑다는 것, 밥이 맛있다는 것, 누군가와 웃으며 대화했다는 것은 너무 소소해서 기쁨이라고 부르기도 민망했다. 그런데 그것들이 쌓이다 보니 마약 없이도 괜찮다고 느끼는 순간이 생겼다. 그런 순간이 조금씩 많아졌다. 마약 없이도 살 수 있다는 사실을 머리가 아니라 몸으로 알아가고 있었다.

세 번째 변화는 나를 믿어주는 사람들이 생겼다는

것이다. 대부분의 친구들은 나를 약쟁이, 멍청이라며 떠났다. 그런데 부모님은 달랐다. 내가 마약을 하며 무너지는 내내 옆에 있어주었다. 병원비를 대고, 변호사 수임료를 내고, 경찰서까지 달려왔다. 그러면서도 언젠가 끊을 수 있다고 말해주었다. 그 말이 얼마나 큰 의미를 지니는지 회복하고 나서야 제대로 깨달았다. 아무도 믿어주지 않을 때 부모님만은 나를 믿어줬다는 것만으로도 다시 일어날 이유가 되었다.

센터장님을 비롯한 전문가들의 도움도 컸다. 내가 왜 마약을 시작했는지 나 자신을 이해하게 되었다. 그리고 중독이 어떤 방식으로 작동하는지, 회복이 어떤 방향으로 가야 하는지 혼자서는 볼 수 없었던 것들이 보이기 시작했다. 다르크에서 만난 동료들도 소중했다. 같은 고통을 겪었기 때문에 위로의 말이 공허하지 않았다. 자기 이야기를 하면 서로 고개를 끄덕여 주고, 힘든 순간에 기댈 수 있었다. 동료들이 얼마나 큰 힘이 되었는지 모른다.

환경의 변화, 포기하지 않는 마음, 나를 지지해 준 사람들. 이 세 가지가 동시에 있었기에 3년 동안의 단약이 가능했고, 그 덕분에 지금의 내가 되었다.

*

　최진묵 센터장님을 만나고 단약 생활을 시작하면서 내 삶은 180도 달라졌다. 마약 중독 전에는 내 인생의 중심이 돈, 여자, 마약으로 딱 세 가지뿐이었다. 나는 즉각적인 쾌락을 중시하며, 철저히 계산적이고 이기적인 사람이었다. 사람을 만나도 이 사람이 나에게 무슨 이득이 되는지만 생각했고, 내가 뭔가를 주면 반드시 그만큼 돌려받아야 한다고 생각했다.

　그런데 센터에서 만난 사람들을 통해, 특히 센터장님을 통해 다른 종류의 관계를 처음으로 경험했다. 내가 아무것도 돌려줄 수 없을 때도 한결같이 믿어주는 사람이 있다는 경험이 나를 바꾸었다. 타인의 아픔이 그냥 지나치지 않고 마음에 걸린 것도 그즈음부터였다.

　시간을 대하는 방식도 달라졌다. 예전에는 항상 나중을 이야기했다. 언젠가 돈을 많이 벌면, 언젠가 유명해지면 그때 행복해질 거라고 생각했다. 그러면서 지금 이 순간을 계속 흘려보냈다. 지금은 다르다. 아침에 일어나 맑은 공기를 마시는 것, 맛있는 음식을 먹는 것, 센터 사람들과 솔직하게 이야기 나누는 것, 그런 것들에서 행복을 찾게 되었다.

인생의 목표도 바뀌었다. 예전에는 돈, 명예, 인정이 내가 추구하는 전부였다. 지금은 건강한 관계와 내면의 평화가 더 중요하다. 경제적인 안정이 필요 없다는 게 아니다. 한 달에 200만~300만 원 정도 벌면서 소박하게 살고 싶다. 돈과 명예는 쉽게 사라질 수 있다는 걸 몸으로 겪었다. 하지만 내면의 평화와 관계의 깊이는 누가 빼앗아 갈 수 없다. 그걸 알고 나서 원하는 것들이 달라졌다.

단약을 시작한 지 6개월쯤 지났을 때였다. 어느 날 아침, 센터 주변을 산책하다가 문득 하늘을 올려다보았다. 파란 하늘에 하얀 구름이 떠 있었다. 그게 그렇게 아름다울 수가 없었다. 그 자리에 멈춰 서서 하늘을 처음 보는 사람처럼 한참을 바라보았다. 아무것도 아닌 하늘을 바라보면서 눈물이 날 것 같았다.

그날 이후로 비슷한 순간이 자주 찾아왔다. 공원에서 뛰노는 아이들을 보며 이유 없이 기뻤고, 길가에 핀 꽃 한 송이에서 뭔가 묵직한 것을 느꼈다. 마약이 주던 감각과는 완전히 달랐다. 잔잔하고 조용하지만 마음에 오래 남았다.

이게 진짜 행복이라는 걸 그때 처음으로 알았다.

특히 기억에 남는 순간이 있다. 센터 근처 놀이터에서 아기를 안고 있는 젊은 부부를 보았다. 과거의 나라면 눈길도 주지 않고 지나쳤을 평범한 장면이었다. 그런데 뭉클하고 따스한 감정이 가슴 깊이 와닿았다. 한참을 서서 그 가족을 바라보았다. 그리고 문득 이런 생각이 들었다. '나도 언젠가 저런 평범한 하루를 살 수 있을까.' 그 생각이 나의 새로운 꿈이 되었다. 거창한 꿈이 아니었다. 그냥 평범한 하루. 그게 내가 가장 갖고 싶은 것이었다.

*

회복을 하면서 나 자신을 바라보는 눈도 바뀌게 되었다. 마약 중독 시절에는 스스로를 쓸모없는 인간, 실패자, 약쟁이라고만 생각했다. 그게 나의 전부인 줄 알았다. 그런데 회복을 하면서 처음으로 다른 생각이 들었다. 나도 가치 있는 사람일 수 있다고. 실수를 했어도, 중독자였어도 변화할 수 있다고. 예전에는 자신감이 타인의 인정으로만 생겼다. 지금은 나에 대한 확신이 내 안에서 나온다.

이제 결과보다 과정을 즐기며 살고 싶다. 마약이라는 지름길로 쾌감을 얻으려 했던 시절과 달리, 느리고 힘들더라도 정직한 길을 걷고 싶다. 그리고 언젠가는 나처럼 고통받는 사람에게 손을 내밀고, 내가 직접 겪은 것들을 나눌 수 있는 사람이 되고 싶다. 머리로만 아는 게 아니라 몸으로 알고 있는 것들을 전하고 싶다. 더 나아가 제대로 공부해서 지식을 쌓고, 그것을 필요한 사람들에게 나눠주고 싶다. 비록 내가 많이 배운 사람도 아니고 당장 큰일을 할 수는 없겠지만, 한 사람에게라도 나의 진심이 닿을 수 있다면 그것으로 충분하다. 센터장님과 함께 이 일을 계속해 나가고 싶다.

✳

마약은 영혼을 서서히 갉아먹는다. 처음에는 눈치채지 못한다. 오히려 새로운 세계가 열리는 것처럼 느껴지기도 한다. 뭔가 특별한 것을 경험하는 것 같고, 남들은 모르는 것을 아는 사람이 된 것 같다. 하지만 현실을 알아차릴 때쯤이면 이미 미로 속에 갇혀 있다. 들어온 입구가 어딘지 모른다. 출구가 어딘지는 더더욱 모른다. 그 미로의 벽은 날이 갈수록 높아지고 좁아진다.

나는 그 미로 속에서 길을 잃었다. 주변의 모든 것이 보이지 않았다. 사랑하는 사람들의 눈물도, 나를 기다리는 부모님의 마음도, 내가 하나씩 놓쳐가고 있는 것들도. 다음번 쾌감만을 위해 살았지만, 그건 진정한 삶이 아니었다. 그 시절의 나에게 말을 건넬 수 있다면 이것만 말하고 싶다. 주변을 보라고. 내가 얼마나 사랑받고 있는지, 나의 선택이 나를 아끼는 사람들에게 얼마나 깊은 상처를 주고 있는지, 그것만이라도 깨달았으면 한다.

지금 중독이라는 미로 속에 있으면서 치료를 망설이는 사람들에게 말해주고 싶다. '센터에 가면 함정수사로 잡히는 건 아닐까', '혼자서도 끊을 수 있지 않을까', '약쟁이라는 낙인이 찍히면 어떡하지.' 그런 생각은 앞으로 나아가는 발목을 잡을 뿐이다. 그 두려움은 실체가 없는 그림자다. 센터는 비밀 보장의 원칙 아래 움직이므로 수사기관에 알려지는 일은 없다.

망설이는 그 시간이 가장 아깝다. 지금 이 글을 읽고 있다면, 그 망설임을 조금만 내려놓았으면 한다. 어둠의

밑바닥에서 빛을 찾으려면 먼저 손을 뻗어야 한다. 어둠 속에서 의지만으로 혼자 싸우는 건 불가능하다. 재발의 악순환을 끊으려면 환경을 바꾸고 전문가의 도움을 받아야 한다. 센터에 오면 새로운 세계를 만나게 된다. 서서히, 하지만 분명하게 보이지 않던 것들이 보이기 시작할 것이다.

내가 할 수 있었다면 당신도 할 수 있다. 손을 내밀어 도움을 청하는 것이 새 삶을 향한 첫걸음이다. 지금 서 있는 그 어둠은 영원하지 않다. 그리고 당신은 어둠보다 훨씬 강하다. 나는 당신을 믿는다.

마약의 심연에서
희망으로

어둠은 서서히 찾아왔다. 어느 누구도 내가 주사기를 들게 될 것이라고는 예상하지 못했을 것이다. 스무 살, 미술대학 신입생이었던 나는 흙을 만지며 조형예술을 하던 소녀였다. 경희대학교 미술대학에 입학할 만큼 재능이 있었고, 내 손끝에서 피어나는 색채와 형태는 밝고 화려한 미래를 예고하는 듯했다.

하지만 그 빛나던 색채는 곧 회색빛 안개 속으로 사라졌다. ADHD를 앓는 아버지와의 갈등, 가정불화, 그리고 때 이른 독립은 나에게 자유와 동시에 방황을 안겨주었다. 내 영혼이 간절히 갈망하던 것은 아마도 안정감, 소속

감, 사랑이었을 것이다. 그 갈증을 채우고자 나는 화려한 불빛이 반짝이는 강남의 유흥가로 발걸음을 옮겼다.

대학생에게 돈이 없는 건 당연한 일이다. 그래서 스무 살의 나는 강남의 한 바에서 일을 시작했다. 학교는 점점 멀어졌고, 밤의 세계는 나를 깊숙이 끌어당겼다. 두 학기 연속 학사경고를 받은 후, 나는 어머니 몰래 휴학계를 제출했다. 이제 내 손에는 미술 도구인 헤라 대신 술잔이 들려 있었다.

강남의 밤은 깊었다. 그 속에 숨겨진 것들은 더 깊었다. 처음 마약을 접한 건 스무 살 겨울, 한 손님의 집에서였다. 그가 엑스터시를 권했고, 나는 호기심에 받아들였다. 지금 생각하면 웃음도 안 나오지만, 마약을 해도 이성은 잃지 않을 거라는 근거 없는 자신감이 있었다. 그 자신감이 얼마나 허망한 것이었는지 그때는 알 방법이 없었다.

3일간의 블랙아웃 후 눈을 떴을 때 극심한 공포가 먼저 다가왔다. 내가 어디서 무엇을 했는지, 누구를 만났는지 아무것도 기억나지 않고 3일이 사라진 것이다. 그 공백이 너무 무서워서 집으로 도망쳤다. 하지만 집에서도 환영받지 못했다. 부모님은 나를 이해하지 못했고, 나도 제대로 설명할 수 없었다. 그냥 멍하니 앉아 있다가, 결국 다시 강남으로 돌아갔다. 그렇게 두 개의 삶이 시작되었다. 낮의 나와 밤의 나. 시간이 지나면서 그 경계가 점점 흐릿해졌다. 어느 쪽이 진짜 나인지 모르게 되었다.

그 공포를 경험하고 나서 다시는 하지 않을 거라고 생각했다. 그런데 약물이 주는 감각과 현실에서 잠시 벗어나는 그 느낌이 생각보다 훨씬 강렬했다. 얼마 지나지 않아 약에 다시 손을 뻗었고, 친구들과 모텔에서 마약 파티를 하기 시작했다. 그게 더 깊은 곳으로 내려가는 계단이 되었다.

진짜 비극은 클럽 MD 일을 하던 남자를 만나면서 시작되었다. 그가 내게 필로폰을 소개하며 말했다. "너 오늘 진짜 운 좋은 거야." 사실은 그때가 내 인생에서 가장 불운한 순간이었다. 필로폰, 케타민, 허브, 엑스터시를 섞어서 사용했다. 현실이 왜곡되고 피해망상이 찾아왔다. 휴대폰이 해킹당했다고 믿었고, 누군가 나를 감시한다고 생각했다. 함께 약을 하던 남자도 똑같은 망상에 빠져 있었다. 우리는 서로의 망상을 확인해 주며 더 깊이 가라앉았다. 둘이 함께 틀린 것을 맞다고 믿었다.

망상은 현실을 완전히 덮어버렸고, 일상이 불가능해졌다. 직장에 가도 모든 사람이 내가 마약을 한다는 걸 알고 있다는 느낌이 들었다. 눈빛 하나, 말 한마디가 전부 나를 향한 것처럼 느껴졌다. 숨이 막혔다. 그때가 진짜 지옥이었다. 약에 취한 것보다 그 망상 속에 있는 것이 더 무서웠다.

＊

구원의 손길은 예상치 못한 곳에서 찾아왔다. 전 남자친구가 상황의 심각성을 알아채고 부모님에게 연락했다. 그들은 나를 데려가기 위한 계획을 세웠다. 막상 그 순간이 오자 나는 악을 쓰며 가지 않겠다고 버텼다. 그렇게 인천의 참사랑병원에 강제 입원되었다. 처음에는 여기가 나를 가두는 곳이라는 생각뿐이었다. 그런데 안개가 걷히는 것처럼 서서히 약물이 몸에서 빠져나가면서 조금씩 현실이 보였다.

병원에서 받은 검사 결과는 충격적이었다. IQ 79, 경계성 지능 수준이었다. 약물이 내 뇌를 그만큼 망가뜨려

놓은 것이었다. 숫자로 확인하니 더 실감이 났다. 누가 나를 도우려는 사람인지, 누가 진짜 내 편인지조차 제대로 판단이 되지 않았다.

스물셋의 여름, 3개월간의 병원 생활 후 퇴원했다. 이제 시작이라고 생각했다. 하지만 회복의 길은 생각했던 것과 전혀 달랐다. 퇴원 후 집에만 틀어박혔다. 마약을 했던 과거에서 완전히 도망치려 했다. 마약 사용자들은 물론이고 단약 중인 사람들과의 만남도 피했다. 누구라도 만나면 다시 재발할 것 같았다. 그냥 아예 도망쳐야 한다고 생각했다. 세상과 연결된 모든 것을 끊으면 안전할 거라고 믿었다. 하지만 그 고립은 나를 지켜주지 않았다. 오히려 더 깊은 곳으로 밀어 넣었다.

퇴원 후의 일상은 병원에 있을 때보다 훨씬 더 지옥 같았다. 약물의 감각이 사라진 자리에는 거대한 공허함만 남았다. 그 공허함은 날이 갈수록 커졌다. 왜 살아야 하는 걸까. 그 질문이 머릿속을 계속 맴돌았다. 수면제를 먹고 잠들었다가, 눈을 뜨면 다시 수면제를 먹고 잠들었다. 그게 하루 일과였다. 눈을 아예 뜨지 않았으면 좋겠다는 생각이 들었다.

미술대학을 다니던 내가 이제는 학교도 없었다. 그림을 그리던 손이 이제는 아무것도 하지 않았다. 무엇을 해야 할지, 무엇을 할 수 있는지, 어디서부터 시작해야 하는지 전혀 감이 잡히지 않았다. 마약을 하던 시절에는 적어도 다음 약을 언제 어떻게 구할지에 대한 계획이라도 있었는데, 이제는 그런 목표마저 없는 완전한 공백 상태였다.

약물 중독에서 회복하는 과정은 약을 끊는 것 이상이다. 약물이 빠져나간 빈자리를 다른 무언가로 대체해야 한다. 그런데 그 다른 무언가를 찾는 것이 얼마나 어려운 일인지 해본 사람만 안다. 아무것도 없는 그 자리가 얼마나 넓고 차가운지도.

＊

전환점은 센터장님과의 만남이었다. 센터장님이 내게 물었다. "네가 언제까지 약물로부터 도망쳐서 살 수 있을 것 같니?" 그리고 또 물었다. "네가 지금 약을 끊기 전보다 행복하냐?" 그 질문들이 나를 멈추게 했다. 도망치고 있었다는 걸 외면하며 살고 있었는데, 그 질문이 정면으로 들어오니 피할 수가 없었다.

나는 센터 모임에 나가기 시작했다. 바로 입소하지는 않고, 아침에 가서 밤에 돌아오는 일정이었다. 그런데 그것만으로도 달라졌다. 비슷한 경험을 한 사람들이 있었고, 설명하지 않아도 나를 이해해 주었다. 나만 힘든 게 아니었다는 그 단순한 사실이 숨통을 틔워주었다. 건강한 커뮤니티의 일원이 되어가는 기분을 그 안에서 처음으로 느끼기 시작했다.

또 다른 전환점은 뜻밖의 순간에 찾아왔다. 병원에서 외래 진료를 받고 돌아가려던 참이었다. 그런데 센터장님이 나를 상담실로 불렀다. "너 중독 관련해서 사회복지 공부해 보는 게 어떻겠냐?" 대단하지도 않은 그 한마디가 오래 머릿속을 맴돌았다. 집에 돌아와서도, 잠들기 전에도 왜 그 말이 그렇게 마음에 걸렸는지 그때는 몰랐다. 그러다 나와 같은 꿈을 꾸는 사람들을 만나면서 달라졌다. 그 사람들이 나를 움직이게 했다.

원광디지털대학교 사회복지학과에 입학했다. 처음엔 마약으로 뇌가 망가진 사람이 공부를 제대로 할 수 있을지 자신이 없었다. 그런데 공부를 하면서 나와 비슷한 아픔을 겪은 사람들을 더 넓은 시각으로 이해하게 되었다. 그동안 내가 겪은 것들이 단순히 내 잘못만이 아니라 구조적인 문제이기도 하다는 걸 알게 되었다.

그리고 누군가를 도울 수 있는 사람으로 성장하고 싶다는 열망이 생겼다. 처음으로 그런 꿈을 꾸었다. 정말 재밌고 살맛이 났다. '살맛'이란 아침에 눈을 뜨는 것이 더 이상 고통이 아니라 기대가 되는 기분이었다. 눈을 뜨면 오늘 해야 할 일이 생각났고, 그 일이 기다려졌다. 미래를 향한 목표와 계획이 생기니 하루가 다르게 느껴졌다. 기다려지는 것이 있다는 게 이렇게 큰 힘이 되는지 몰랐다. 삶에 의미가 생겼다는 게 이런 거구나 싶었다.

성적이 잘 나왔을 때의 성취감도 좋았다. 새로운 지식이 쌓일 때는 뿌듯함도 있었다. 그건 약물이 주던 감각과는 완전히 다른 것이었다. 약의 쾌감은 강렬하지만 금방 사라졌고 더 깊은 공허함만 남았다. 반면 공부가 주는 기쁨은 화려하지 않지만 잔잔하게 오래 머물렀다. 그 차이를 몸으로 느끼면서 내가 왜 약을 끊어야 하는지를 머리가 아니라 마음으로 이해하게 되었다.

같은 꿈을 가진 사람들과 함께하는 기쁨도 컸다. 비

숫한 것을 경험하고, 비슷한 방향을 바라보는 사람들과 이야기를 나누기만 해도 마음가짐이 달라졌다. 그리고 다음에 들어올 사람에게 내가 알려줄 수 있는 것이 생겼을 때는 신이 났다. 내가 겪은 것이 누군가에게 쓸모 있는 것이 된다니 그렇게 기쁠 수가 없었다.

중독 예방 공모전에 참가해 상을 받았다. 중독 상담사 자격증도 취득했다. 누군가의 눈에는 작은 것처럼 보일 수 있지만 나에게는 특별했다. 약을 하는 동안에는 이룰 수 없었던 하나하나의 경험이 나를 단단하게 만들었다. 그 사실이 단약을 계속해야 하는 이유가 되었다. 내 손으로 쌓아가고 있는 것들과 지금의 삶을 내 손으로 무너뜨리고 싶지 않았다.

✳

이제 약을 하지 않아도 행복하고 보람차게 살 수 있다. 나에게 회복이란, 자신의 가치를 재발견하고, 가족과의 관계를 회복하며, 삶의 의미를 찾는 과정이었다. 마약에 빠져 있을 때 부모님, 특히 아버지에게 했던 말이 너무 후회된다. "너도 늙으면 내가 이런 데다 처넣을 거야. 네가 나를 이렇게 키워서 내가 이렇게 된 거 아냐! 너 때문이야"라고 했다. 하지만 회복 과정에서 아버지의 진정한 사랑을 깨달았다. 아빠와 사이가 정말 좋지 않았고, 아빠가 나를 사랑하지 않는다고 생각했다. 그러나 그때 아빠의 표현 방식이 서툴렀을 뿐이라고 이해하게 되었다.

인지 기능도 점차 회복되었다. 마약에 빠져 있을 당시 79까지 떨어졌던 IQ가 110으로 회복된 것은 뇌가 치유되고 있다는 증거였다. 회복 과정에서 나는 세 가지 핵심 요소를 발견했다. 규칙적인 생활과 건강한 관계, 자기 수용이다.

규칙적인 생활은 중독 회복의 기본이자 필수 요소다. 약물 사용 시절의 불규칙한 생활은 신체적·정신적 건강을 해치고, 더 많은 약물 사용을 유발하는 악순환을 만든다. 반면 규칙적인 수면과 식사, 활동은 몸과 마음의 균형을 회복시키는 데 큰 도움이 된다.

더 중요한 것은 건강한 관계 형성이다. '중독의 반대말은 관계'라는 말에 깊이 공감한다. 중독자들은 대체로 관계 형성에 어려움을 겪는다. 나 역시 그랬다. 휴대폰 연락처에 가족을 포함해 12명도 안 되는 사람만 있었고, 그들과도 깊은 관계를 맺지 못했다. 병원에서 퇴원할 때 같은 중독자들끼리 연락처를 주고받지 말라는 조언을 받았다. 재발 방지를 위한 것이었지만, 이는 결국 고립으로 이어졌다.

가족들은 내 중독으로 인해 상처받고 지쳐 있었다. 가족들은 나만 보면 불안해했다. 내가 가족들을 너무 힘들게 하는 것 같아서 마음 놓고 의지하지 못했다. 이런 상황에서 회복 모임은 새로운 관계의 시작점이 되었다. 비슷한 어려움을 겪은 사람들과의 만남을 통해 이해와 공감을 받을 수 있었고, 점차 그들이 친구이자 가족이 되어갔다.

회복 모임에서는 토요일마다 프로그램을 진행하고 함께 식사를 했다. 이런 일상적인 활동이 마약이 만든 공허함을 채워나갔다. 더불어 관계 속에서 겪는 갈등과 화해의 과정은 나를 성장시켰다. 다른 사람들과 부딪히면서 나에게 어떤 결점이 있는지 알게 되었다.

회복 과정에서 얻은 가장 큰 깨달음 중 하나는 자기 수용의 중요성이었다. 과거에 나는 부정적인 감정이나 내가 좋아하지 않는 나의 모습을 없애야 한다고 생각했다.

불안함, 공허함, 분노 같은 감정은 피하고 싶었고, 남들에게 보여주고 싶지 않은 모습은 숨기려고 했다. 그런데 센터장님과 대화하며 모든 감정과 나 자신을 받아들이는 법을 배웠다. 센터장님은 내가 가장 취약한 순간에도 나를 있는 그대로 받아들여 주었다. "어떻게 좋은 것만 네 거냐. 불안함도 공허함도 고통스러움도 쓰린 마음도 다 네 거다." 이 메시지는 내게 깊은 울림을 주었다. 나의 모든 면을 수용할 때 비로소 진정한 평화를 찾을 수 있다는 걸 깨달았다. 또한 내가 자신을 수용하지 못하면 다른 사람도 수용하기 어렵다는 사실도 알게 되었다.

자기 수용은 단약 과정에서도 중요한 역할을 했다. 자신의 본질적인 문제를 인정하고 회피하지 않을 때 비로소 그 문제를 해결할 수 있다. 마약은 현실 도피의 수단이었고, 현실을 피하려는 나쁜 습관을 깨기 위해서는 먼저 현실과 자신을 있는 그대로 직면해야 했다. 만약 과거의 나를 만난다면, 조언보다는 경청에 중점을 둘 것이다. 중독 상태에서는 남의 조언이 잘 들리지 않는다. 오히려 자신의 이야기를 할 곳이 필요하다.

　아직 회복을 망설이고 있는 사람에게 이렇게 말하고 싶다. "그동안 자신이 해왔던 방식이 삶을 전혀 나아지게 하지 않았다면, 새로운 시도를 해볼 때가 되지 않았을까요?" 회복센터에 간다고 해서 정말 약물을 끊을 수 있을지 확신하기 어려운 것은 당연하다. 그러나 지금까지의 방식이 효과가 없었다면, 다른 사람들이 제안하는 방식을 시도해 볼 필요가 있다.

　나는 사회복지사 1급 자격증을 취득해 중독관리통합지원센터에 취직했다. 이후에는 병원에서 정신건강 사회복지사로서 수련을 받을 계획이다. 더 나아가 대학원에 진학해 중독 분야를 더 깊이 공부하고 싶다. 나는 여기 계속 있을 사람이라는 생각이 든다. 이 분야에 대해 더 많이 공부하고 싶고, 더 많은 사람을 만나고 싶고, 내 경험도 나눠 주고 싶다. 구체적인 직업이나 위치보다는, 중독 분야에서 '쓰임 있는 사람'이 되는 것이 나의 목표다. 내가 겪은 고통과 회복의 경험이 다른 사람들에게 도움이 되면 좋겠다.

한국 사회에
전하고 싶은 말

2022년, 한국에서 처음으로 마약 사범이 1만 8천 명을 넘어섰고, 2023년에는 2만 7천여 명으로 늘었다. 1년 사이에 9천 명이 늘어난 것이다. 구금시설만으로는 마약 문제를 감당할 수 없다는 인식이 서서히 퍼져 나갔다. 너무 오래 걸렸지만 인식이 조금씩 움직이기 시작한 것만으로도 현장에 있던 나에게는 의미 있는 변화였다.

2022~2023년에 정부가 '마약과의 전쟁'을 선포하면서 처음으로 정부 각 부처에서 치료와 재활에 관한 이야기가 흘러나왔다. 마약 사범을 잡는 것도 중요하지만 치료를 해야 한다는 논의가 처음으로 나온 것이다. 이 흐름은 일

본이 1980년대 중반에 경험했던 상황과 놀랍도록 비슷하다. 일본도 그 시기에 더 이상 마약 사범을 구금시설에 가둘 수 없는 상황이 되었고, 가둔다고 해결되지 않는다고 느끼게 되었다. 인식이 바뀌면서 1985년에 일본 다르크가 설립되었다. 한국과 일본 사이에는 약 40년의 시간 차이가 있지만 그 경로는 거의 같다. 우리도 이제 일본이 40년 전에 섰던 그 자리에 서 있는 것이다.

✳

일본 다르크는 1985년에 첫 센터를 연 이후, 지금은 전국에 100여 개의 센터가 운영되고 있다. 1,500명 이상의 중독자들이 그곳에서 케어를 받는다. 40년 동안 무너지지 않고 큰 규모로 성장한 모델은 전 세계적으로도 드물다. 나는 일본을 직접 방문해서 그 현장을 눈으로 확인했다. 센터 안을 걷고, 그곳에서 회복 중인 사람들과 이야기를 나누었다. 수치로만 알고 있던 것이 실제로 눈앞에 펼쳐졌을 때의 충격이 아직도 생생하다.

일본 다르크는 재정 구조가 다원화되어 있어 어느

한곳이 흔들려도 센터 전체가 무너지지는 않는다. 그 덕분에 이 시스템을 40년 동안이나 유지했다고 생각한다. 그러나 한국은 다르다. 2012년 서울에서 처음 다르크가 시작되었다. 드디어 한국에도 이런 공간이 생겼다는 것이 반가웠다. 그런데 많은 센터가 문을 닫았다. 지금은 인천과 김해 등 일부 지역에만 남아 있다. 왜 이렇게 되었는지 나는 그 과정을 가까이에서 지켜보았다.

가장 큰 이유는 돈이었다. 입소자들이 먹고 자고 생활하는 비용, 시설 운영비, 프로그램을 유지하는 데 드는 비용 등 재활시설에는 지속적인 자금이 필요하다. 한두 달이 아니라 몇 년에 걸쳐 꾸준히 필요한 돈이다. 그런데 한국에는 그 어느 것도 제대로 갖춰져 있지 않았다. 정부 지원도, 지역사회의 후원도, 종교 단체의 도움도 거의 없었다. 누군가의 헌신과 의지로 버티는 구조였다. 실제로 서울과 경기도의 센터들은 센터장이 세상을 떠나면서 함께 문을 닫았다. 한 사람이 버티던 것이 무너지면 전부 사라지는 것이 한국 재활의 현실이었다.

또 하나의 문제가 있었다. 한국에 다르크를 들여올 때 껍데기만 가져왔다는 것이다. 일본 모델의 형태만 따라 하고, 철학과 운영 방식은 제대로 이식되지 않았다. 왜 이 방식을 쓰는지, 어떤 생각으로 만들어진 것인지 본질을 이해하지 못한 채 10여 년 동안 형태만 베껴 운영을 이어왔으니 한계가 있을 수밖에 없다. 뿌리 없이 자라는 나무가 얼마나 버틸 수 있겠는가. 결국 복합적인 문제들이 쌓이면서 하나씩 문을 닫게 되었다. 그 과정을 지켜보면서 나는 본질부터 제대로 다시 시작해야 한다고 생각했다.

마약 중독 치료에는 레벨별 접근이 필요하다. 미국이나 일본에는 이미 레벨 1부터 4까지 나뉜 치료 시스템이 갖춰져 있다. 단계마다 하는 일이 다르고, 그 단계에 맞는 사람이 따로 있다. 중독의 깊이와 상태에 따라 다른 방식의 개입이 필요하다는 것이 이 시스템의 출발점이다.

레벨 1은 외래 치료만으로도 충분한 경우다. 가장 가벼운 단계로, 일상을 유지하면서 정기적으로 병원이나 상담센터를 찾아가서 치료를 받으면 된다. 레벨 2는 외래 치료를 받으면서 주간이용센터를 함께 다니는 형태다. 낮 동안 센터에서 시간을 보내고 저녁에 집으로 돌아간다. 혼자 있는 시간을 조금 더 줄여주는 구조다. 레벨 3은 공동가정생활시설이나 재활시설에 입소해야 하는 단계다. 혼자서는 갈망을 다스리기 어렵고, 스스로를 관리하기 힘든 사람들이 24시간 함께 생활하는 공동체다. 이 레벨의 사람들에게 필요한 것은 병원이 아니라 치료 공동체다. 같은 고통을 겪어본 사람들과 함께 생활하며 관계를 회복하고 일상을 다시 배우는 것은 병원이 해줄 수 없는 것들이다. 레벨 4는 폐쇄병동에 입원해야 할 정도로 가장 집중적인 개입이 필요한 단계다. 이 단계별 시스템이 제대로 갖춰진 나라와 그렇지 않은 나라의 차이는 크다.

지금 한국의 현실을 보면, 레벨 4, 즉 폐쇄병동은 그나마 갖춰진 편이다. 가장 심각한 상태의 사람들을 받아낼 수 있는 공간은 어느 정도 있다. 그런데 레벨 3에 해당하는 공동가정생활시설은 인천과 김해 부근에만 일부 있을 뿐, 전국에서 손에 꼽을 정도다. 레벨 1과 2에 해당하는 외래 치료와 주간이용센터는 최근에야 정부가 만들기 시작했지만 아직 턱없이 부족하다. 사람은 넘쳐나는데 갈 곳이 없다.

전 세계를 봐도 마약 중독 치료를 병원 위주로 하는 나라는 우리나라밖에 없다. 어느 나라를 가도 마약 치료의 중심은 지역사회 치료 공동체와 재활센터다. 병원의 역할은 디톡스, 즉 몸에서 약물을 빼내고 급성 상태를 안정시키는 것까지다. 하지만 그 이후가 문제다.

몸에서 약이 빠졌다고 해서 치료가 끝난 게 아니다. 오히려 진짜 어려운 부분은 그다음부터다. 이 사람이 사회로 돌아가서 제대로 살아갈 수 있도록 돕는 것, 끊어진 관계를 회복하고, 잃어버린 일상을 다시 쌓아가는 것, 갈망이 찾아올 때 혼자 버텨낼 수 있는 힘을 키우는 것. 그건 재활센터와 지역사회가 해야 할 일이다. 병원이 할 수 있는 영역이 아니다.

그런데 우리나라는 디톡스를 마친 사람을 다시 약을 하던 환경으로 돌려보낸다. 같은 골목, 같은 사람들, 같은 기억이 배어 있는 그 자리로. 치료의 절반만 하고 나머지 절반은 없는 셈이다. 그 절반이 채워지지 않는 한 같은 일이 반복될 것이다.

마약 중독 치료와 재활에서 핵심은 전문가 양성이다. 그중에서도 나는 회복된 중독자들이 전문가로 활동할 수 있는 기회가 더 많아져야 한다고 생각한다. 나 같은 회복자들을 제대로 교육해 양성하는 시스템이 만들어진다면, 짧은 시간 안에 더 많은 전문가가 나올 수 있다.

중독에 대해 가장 잘 아는 사람은 중독을 직접 경험한 사람이다. 미국과 일본 다르크에서 이미 증명되었다. 그 기관들이 성장할 수 있었던 핵심이 바로 회복자들이었다. 미국이나 유럽에서도 병원이나 심리 상담 현장에서 초기 상담을 맡는 사람들은 대부분 약물을 경험했던 동료 지원자들이다. 이론을 공부한 사람과 직접 겪어본 사람 사이에는 분명한 차이가 있다.

그런데 한국에는 그런 시스템이 없다. 회복자들에 대한 이해 자체가 너무 부족하다. 회복자를 어떻게 양성할 것인지에 대한 기준조차 없다. 나 같은 사람들은 중독을 겪고, 힘든 시간을 통과하고, 회복하는 과정에서 단순히 나 자신만 살아난 게 아니다. 그 과정에서 다른 사람의 회복을 도울 수 있는 역량도 함께 쌓인다. 그 역량이 제대로 쓰이지 못하고 있는 것이다. 너무 아까운 일이다.

나는 아직도 계속 공부하고 있다. 대학원을 졸업했고 박사 과정 중이다. 논문도 네 편이나 썼다. 내가 겪은 일이 연구가 되고, 그 연구가 현장을 바꾸는 데 쓰인다면 그것만으로도 계속 공부할 충분한 이유가 된다. 배움을 멈추지 않는 건 의무감 때문이 아니다. 이 일을 제대로 하고 싶기 때문이다.

회복자들이 전문가로 설 수 있는 구조가 만들어져야 한다. 경험에서 나온 통찰과 전문적인 훈련이 결합될 때 진짜 변화가 시작된다. 그 시스템을 만드는 것이 내가 이 일을 계속하는 이유 중 하나다.

＊

치료 공동체 모델은 1950년대 후반 미국에서 시작되었다. 미국의 피닉스 하우스, 유럽의 산 파트리냐노, 아시아의 다르크. 이 모델들이 전 세계로 퍼진 데는 이유가 있다. 중독자들이 공동체 안에서 함께 생활하며 서로를 돕

는 구조, 동료 지원 시스템이 실제로 효과가 있었기 때문
이다. 핵심은 중독자 자신이 변화의 주체가 된다는 것이
다. 전문가가 고쳐주는 게 아니라, 같은 경험을 한 사람들
이 함께 일상 속에서 단계적으로 회복해 간다. 사회적 기
술을 익히고, 직업 재활을 준비하고. 짧게는 6개월, 길게는
2년에 걸쳐서 진행된다.

최근 수십 년 사이 마약 중독 치료에서 증거 기반 접
근법이 중요해졌다. 인지행동치료, 동기 강화 치료, 약물
보조 치료, 12단계 촉진 치료 등 효과가 입증된 방법들이
다. 더 중요한 흐름은 따로 있다. 세계 여러 나라에서 약물
중독을 범죄가 아닌 공중보건의 문제로 보기 시작했다는
것이다. 포르투갈, 스위스, 캐나다 같은 나라들은 이미 약
물 비범죄화 정책을 도입했다. 처벌보다 치료를, 배제보다
위험 감소를 선택한 것이다. 세상이 그 방향으로 움직이고
있다.

반면 한국은 여전히 초기 단계다. 지금 한국에서 받
을 수 있는 마약 중독 치료는 크게 세 가지 정도다. 정신과
병원 폐쇄병동의 단기 해독 프로그램, 한국마약퇴치운동
본부에서 운영하는 외래 재활 프로그램, 다르크 같은 소수

의 치료 공동체, 이게 전부다. 선택지가 너무 없다.

＊

한국과 다른 나라 사이의 격차는 결국 인식의 차이에서 비롯된다. 한국은 여전히 마약 중독을 범죄의 문제로 본다. 치료보다 처벌이 먼저다. 그 시각이 모든 것을 결정한다. 재활시설이 들어서려고 하면 지역사회의 반발이 빗발친다. 마약 중독자들이 모이는 곳이라는 인식 때문이다. 그 낙인이 치료 공동체 같은 시설이 자리 잡는 것 자체를 막는다. 아픈 사람이 치료받을 공간을 만드는 것조차 싸워야 하는 일이 되는 것이다.

그래도 최근 몇 년 사이 변화의 움직임이 보이기 시작했다. 마약과의 전쟁 선포 이후, 정부도 치료와 재활의 필요성을 중요하게 인식하게 되었다. 한국마약퇴치운동본부를 통해 전국에 주간재활센터를 늘리고 있다. 반가운 변화다. 하지만 이건 레벨 1, 2에 해당하는 서비스다. 24시간 케어가 필요한 중증 중독자들, 레벨 3에 해당하는 입주형 재활시설은 여전히 거의 없다.

내가 추진하는 한국형 다르크는 그 빈자리를 채우기 위한 시도다. 세계적 기준에 적합하면서도 한국의 현실에 맞는 치료 공동체 모델을 만들고자 한다. 제도권 안으로 들어가서 3년이고 4년이고 5년이고 묵묵히 운영해 나가는 것. 그렇게 검증된 모델이 만들어지면, 그걸 그대로 서울로 가져가고 부산으로 가져갈 수 있다. 그 믿음으로 지금 이 일을 하고 있다.

한국이 병원 중심 모델에서 벗어나 지역사회 기반 의료 시스템으로 나아갈 수 있다고 생각한다. 일본이 40년에 걸쳐 해낸 것을 우리가 못할 이유가 없다. 다만 그 시작이 필요하다. 누군가 먼저 그 자리에 서야 한다. 나는 그 자리에 서 있다. 오래 걸리더라도 제대로 된 길을 가고 싶다.

✳

내가 처음 회복을 시작할 때 인천 참사랑병원 원장님이 언론에서 이런 말을 자주 했다. 병원에서 마약 중독자 한 명을 보는 게 알코올 중독자 다섯 명, 정신과 환자열 명을 보는 것보다 힘들다고. 마약 중독을 겪은 사람들을 관리하는 게 그만큼 복잡하고 치명적인 변수가 많다는 의미였다. 그런데 그 말이 대중에게는 다르게 읽혔다. 마약 중독자는 병원도 감당하지 못할 만큼 난동을 부리는 사람들, 다루기 어려운 사람들이라는 인상이 퍼졌다. 의사가 한 말이 의도와 다른 방향으로 사회적 낙인을 강화하는 데 쓰인 셈이다.

나는 지금 열다섯 명의 중독자와 함께 생활하고 있다. 솔직히 말하면, 지금 굉장히 행복하다. 정말로 재밌다. 함께 밥을 먹고, 이야기를 나누고, 누군가가 조금씩 달라지는 모습을 곁에서 지켜보는 것이 이렇게 기쁜 일인지 몰랐다. 사회가 만들어 놓은 이미지와 내가 매일 경험하는 현실 사이의 거리가 얼마나 먼지 이 일을 하면 할수록 더 선명하게 느낀다.

마약 중독은 개인의 문제가 아니라 사회적 문제다. 그러니 해결책도 사회적 차원에서 나와야 한다. 내가 추구하는 한국형 다르크는 단순히 중독자를 치료하는 기관이 아니다. 그들이 사회의 일원으로 돌아갈 수 있도록 연결해주는 다리다. 격리가 아니라 통합을 위한 것이다. 사회에서 떼어놓는 것이 아니라 사회 안에서 함께 살아갈 수 있는 환경을 만드는 것이 중독자들에게만 이로운 게 아니라 사회 전체에 이롭다고 믿는다.

내 이야기는 한 사람의 단약 성공 스토리가 아니다. 마약 중독에서 회복한 사람이 다시 누군가의 회복을 돕고, 그 사람이 또 다른 누군가에게 닿는 것이 이어지는 게 중요하다고 말하고 싶은 것이다. 내 비전이 현실이 된다면, 지금 어딘가에서 홀로 마약과 싸우고 있는 사람들이 찾아올 수 있는 공간이 생긴다. 그날을 꿈꾸며 나는 오늘도 센터에서 마음을 열고 기다리고 있다.

전국 중독 재활기관 연락처

지역	모임명	일정	주소
서울	당산 NA 모임	목요일 오후 5시	서울특별시 영등포구 당산로48길 10 한국마약퇴치운동본부 재활중독센터 4층
	학동 NA 모임	화요일 오후 7시	서울특별시 강남구 논현로132길 18 영동교회 사무실동 지하 1층
	은평 NA 모임	월요일 오후 5시	서울특별시 은평구 백련산로 90 은평병원 3층 치유룸
	무지개 NA 모임	화요일 오전 7시	서울특별시 종로구 돈화문로 39-1 묘동빌딩 3층 친구사이 옆 회색문
	새봄 여성 NA 모임	목요일 오후 7시	서울특별시 영등포구 당산로50가길 1 지하 1층
	회복의 다리 NA 모임	월요일 오후 7시	서울특별시 영등포구 당산로50가길 1 지하 1층
	나눔 NA 모임	일요일 오후 5시	서울특별시 강남구 테헤란로113길 13, 5층
	International NA 모임	토요일 오후 5시 30분	서울특별시 용산구 한남대로 148
	강남보건소 나눔 NA 모임	수요일 오후 5시	강남구보건소(강남구청역 1번 출구 도보 3분) 5층 3회의실
인천	인천 자유 NA 모임	월요일 오전 5시	인천광역시 서구 가정로 316 인천시마약류중독재활센터 4층
	인천 치유 NA 모임	토요일 오후 4시	인천광역시 미추홀구 독정이로 96 인천다르크협회 2층 202호
	인천 온유 NA 모임	목요일 오후 7시	인천광역시 미추홀구 독정이로 96 인천다르크협회 2층 202호
	인천 참사랑 NA 모임	금요일 오후 7시	인천광역시 서구 원창로240번길 9 인천참사랑병원 1층 프로그램실

경기	경기 수원 NA 모임	수요일 오후 5시	경기도 수원시 팔달구 경수대로 708, 2층 한국마약퇴치운동본부 경기함께한걸음센터 회의실
	서울 경기북부 NA 모임	월요일 오후 7시	경기도 동두천시 동우로 32
	감사 NA 모임	화요일 오후 7시	경기도 안양시 만안구 안양로 119, 7층
충북	충북 NA 모임	수요일 오후 5시	충청북도 청주시 서원구 예체로 112 충북함께한걸음센터 5층
충남	해냄 NA 모임	목요일 오후 5시	대전광역시 동구 대전로 866 페이퍼칼라 302호
광주	광주 NA 모임	월요일 오후 5시	광주광역시 서구 상무대로 1106 네오빌딩 5층
대구	대구 대동 NA 모임	목요일 오후 7시	대구광역시 동구 화랑로 169 대동병원 8층 소강당
울산	울산 NA 모임	월요일 오후 7시	울산광역시 중구 염포로 88 한국마약퇴치운동본부 2층 함께한걸음센터 프로그램실
부산	부산 NA 모임	수요일 오후 1시	부산광역시 동구 중앙대로 272 부산 약사회관 5층
	부산 여성 NA 모임	금요일 오후 1시	줌(us05web.zoom.us/j/83009597098?pwd=F2DYviZerla5nd6EUNhSlFE9IaMCb2.1)
제주	오름 NA 모임	목요일 오후 7시	제주도 서귀포시 화순 서서로 64번길 22

NA 모임 홈페이지 링크

- www.nakorea.org
- nakr.org/na-schedule/

전국 중독치료병원		
지역	병원명	대표번호
서울	서울특별시 은평병원	02-300-8114
	국립정신건강센터*	02-2204-0114
인천	인천광역시의료원	032-580-6000
	인천참사랑병원*	032-571-9111
경기	경기도의료원의정부병원	031-828-5000
	용인정신병원	031-288-0114
	경기도립정신병원*	031-330-6200
	계요병원	031-455-3333
	아주편한병원	031-269-5665
	이천소망병원	031-637-7400
강원	**원주세브란스기독병원***	033-741-0114
	국립춘천병원	033-260-3000
충북	청주의료원	043-279-0114
충남	국립공주병원	041-850-5700
대전	**참다남병원***	042-222-0122
	마인드병원	042-528-6550
전북	**원광대학교병원***	1577-3773
	신세계병원	063-545-8700
	전라북도마음사랑병원	063-240-2100
전남	국립나주병원	061-330-4114
광주	광주시립정신병원	062-949-5200
	다사랑병원	062-380-3800
	천추의성요한병원	062-510-3114
경북	포항의료원	054-247-0551
경남	**국립부곡병원***	055-536-6440
	양산병원	055-379-0202

대구	대구의료원	053-560-7575
	대동병원*	053-663-1000
울산	마더스병원	052-270-7000
부산	부산의료원	051-507-3000
	부산시립정신병원	051-310-7710
제주	**연강참병원***	064-759-9642

*권역치료보호기관(2025년 11월 말 기준)

<table>
<tr><th colspan="3">함께한걸음센터</th></tr>
<tr><th>센터명</th><th>전화번호</th><th>주소</th></tr>
<tr><td>한국마약퇴치운동본부 중앙함께한걸음센터</td><td>02-2679-0436</td><td>서울특별시 영등포구 당산로48길 10</td></tr>
<tr><td>1342 용기한걸음</td><td>02-2677-2245</td><td>서울특별시 영등포구 선유동2로 57 이레빌딩 신관 14층</td></tr>
<tr><td>함께한걸음센터 서울지부</td><td>02-6958-5128</td><td>서울특별시 서초구 효령로 194 약사회관</td></tr>
<tr><td>함께한걸음센터 인천지부</td><td>0507-1378-7911</td><td>인천광역시 서구 가정로 316 인정빌딩 4층</td></tr>
<tr><td>함께한걸음센터 경기지부</td><td>031-257-7582</td><td>경기도 수원시 팔달구 경수대로708, 2층</td></tr>
<tr><td>함께한걸음센터 강원지부</td><td></td><td>강원특별자치도 강릉시 강릉대로 280</td></tr>
<tr><td>함께한걸음센터 충북지부</td><td>043-221-4133</td><td>충청북도 청주시 서원구 예체로 112, 5층</td></tr>
<tr><td>함께한걸음센터 충남지부</td><td>041-592-1342</td><td>충청남도 천안시 서북구 쌍용대로 251, 3층 한국마약퇴치운동본부 충남지부</td></tr>
<tr><td>함께한걸음센터 대전지부</td><td>042-710-3754</td><td>대전광역시 동구 대전로 866, 302호</td></tr>
<tr><td>함께한걸음센터 전북지부</td><td>063-232-5112</td><td>전북특별자치도 전주시 완산구 백제대로 249, 4층 한국마약퇴치운동본부 전북지부</td></tr>
<tr><td>함께한걸음센터 전남지부</td><td>061-804-9777</td><td>전라남도 순천시 연향번영길 102, 2층 201호</td></tr>
<tr><td>함께한걸음센터 광주지부</td><td>062-361-2817</td><td>광주광역시 서구 상무대로 1106 네오빌딩 5층</td></tr>
<tr><td>함께한걸음센터 경북지부</td><td>054-451-0127</td><td>경상북도 구미시 송원동로 14-8, 2층</td></tr>
<tr><td>함께한걸음센터 경남지부</td><td>055-715-8883</td><td>경상남도 창원시 성산구 중앙대로 257 경남무역회관 206호</td></tr>
<tr><td>함께한걸음센터 대구지부</td><td>053-764-1207</td><td>대구광역시 수성구 희망로 136, 3층</td></tr>
<tr><td>함께한걸음센터 울산지부</td><td>052-222-0600</td><td>울산광역시 중구 염포로 88, 2층</td></tr>
<tr><td>함께한걸음센터 부산지부</td><td>051-462-1022</td><td>부산광역시 동구 중앙대로 272, 4층</td></tr>
<tr><td>함께한걸음센터 제주지부</td><td></td><td>제주특별자치도 제주시 이도이동 동광로 4</td></tr>
</table>

치료 공동체		
센터명	전화번호	주소
인천 다르크*	070-4046-1445	인천광역시 미추홀구 독정이로 96, 2층 202호
김해 리본하우스*	055-328-6848	경상남도 김해시 평전로93번길 10-19
소망을 나누는 사람들	032-815-2555	인천광역시 남동구 인주대로 747 영일빌딩 3층
제주순오름치유센터	010-4566-8286	제주특별자치도 서귀포시 화춘서서로 64번길 22

*인가 등록 시설

인천 다르크*	070-4046-1445	인천광역시 미추홀구 독정이로 96, 2층 202호
김해 리본하우스*	055-328-6848	경상남도 김해시 평전로93번길 10-19
소망을 나누는 사람들	032-815-2555	인천광역시 남동구 인주대로 747 영일빌딩 3층

나는 회복 중인 마약 중독자입니다

초판 1쇄 발행 2026년 5월 6일

지은이 최진묵
브랜드 온더페이지
출판 총괄 안대현
기획 이제호
책임편집 김효주
편집 심보경, 정은솔
마케팅 김윤성
표지·본문 디자인 날마다작업실

발행인 김의현
발행처 사이다경제
출판등록 제2021-000224호(2021년 7월 8일)
주소 서울특별시 강남구 테헤란로33길 13-3, 7층(역삼동)
홈페이지 cidermics.com
이메일 gyeongiloumbooks@gmail.com(출간 문의)
전화 02-2088-1804　**팩스** 02-2088-5813
종이 다올페이퍼　**인쇄** 재영피앤비

ISBN 979-11-94508-86-1 (03300)